Ralf Rudolph/Uwe Markus

Die wahren Rebellen von Gera

SPOTLESS

spotless erscheint im Verlag Das Neue Berlin
Redaktion: Frank Schumann

Bezug im Abonnement: 12 Ausgaben im Jahr
Jahresabonnement Inland 59,50 Euro
Europa 74,50 Euro, Welt 84,50 Euro
Einzelausgabe: 5,95 Euro

ISBN 978-3-360-02052-9

Umschlaggestaltung/Satz: edition ost
Cover-Foto: Hitler nimmt am 6. September 1931
auf dem Markt in Gera eine SA-Parade ab.
Fotos: Archiv Rudolph
Druck und Bindung: Salzland Druck, Staßfurt

Ein Verlagsverzeichnis schicken wir Ihnen gern:
Das Neue Berlin Verlagsgesellschaft mbH
Neue Grünstr. 18, 10179 Berlin
Fax 01805/35 35 42
Tel. 01805/30 99 99 (0,14 Euro/Min., Mobil max. 0,42 Euro/Min.)

Die Bücher von spotless und des Verlages Das Neue Berlin
erscheinen in der Eulenspiegel Verlagsgruppe.

www.edition-ost.de

Inhalt

Der schrittweisen Aushöhlung
der bürgerlichen Demokratie nach der Macht-
übertragung an die Hitler-Clique wurde vor allem von
jenen aktiver Widerstand entgegengesetzt,
die man in den Jahren der Weimarer Republik
als Antidemokraten und Umstürzler denunziert hatte.
Sie erwiesen sich als die letzten Demokraten
dieses Landes, die bereit waren,
sich dem Untergang eines Systems entgegenzustellen,
das sie zuvor politisch stigmatisiert hatte.

Blumen für den Führer

Gera am 26. Juli 1932. Auf dem Schützenplatz, einem weitläufigen Gelände für Versammlungen und Volksfeste unweit des Stadtzentrums, soll an diesem Sommertag der Naziführer Adolf Hitler sprechen. Die örtlichen Funktionäre der Hitlerpartei NSDAP (Nationalsozialistische Deutsche Arbeiterpartei) rechnen mit einem ebenso überzeugenden wie einschüchternden Auftritt ihres fanatischen Hasspredigers wie schon zweimal zuvor in Gera.

In Deutschland tobt ein erbitterter Wahlkampf. Die NSDAP will den Reichstag erobern. Die ungeliebte Republik, deren Verfassung 1919 in der nahen thüringischen Stadt Weimar verabschiedet wurde, ist am Ende. Ein politischer Wechsel scheint unaufhaltsam näher zu rücken. Viele Wähler erhoffen sich eine Auflösung der durch die Weltwirtschaftskrise verstärkten politischen Misere und die Tilgung der als nationale Demütigung empfundenen Versailler Verträge. Der sogenannte Nationale Sozialismus der Herren Hitler und Strasser wird zur ideologischen Klammer sowohl für Vertreter der traditionellen deutschen Eliten als auch für Teile der von Abstiegsängsten gebeutelten Mittelschicht und der tendenziell immer mehr verarmenden deutschen Arbeiterschaft. Schlechte Zeiten für Anhänger der parlamentarischen Demokratie mit sozialistischen Reformvorstellungen.

Hitlers frühere Auftritte in der noch von SPD und KPD dominierten thüringischen Industriearbeiterstadt Gera waren von den Nazipropagandisten als Erfolge verbucht worden. Am 12. und 13. Juli 1930 hatte er sich zusammen mit SA-Führer Ernst Röhm auf dem Gau-Parteitag der NSDAP feiern lassen und anschließend einen Aufmarsch von 13.000 uniformierten Anhängern abgenommen. Ein Jahr später, am 5. und 6. September 1931, hielt der Nazi-Führer noch einmal Heerschau in Gera, um in der roten Wahlhochburg Flagge zu zeigen. Es gab ein paar Gegendemonstranten, aber mit denen wurden Hitlers Schlägertruppe SA (Sturmabteilung) und die Polizei des von der Nazipartei gestellten Innenministers Wilhelm Frick leicht fertig.

Doch im Sommer 1932 kommt es anders. Kaum hat Hitler den Flugplatz Gera-Tinz verlassen, schallen ihm die Rufe »Arbeitermörder!« und »Nieder mit Hitler!« entgegen. Sein Begleitkommando auf den Fahrzeugen bahnt sich mit Hundepeitschen und Stahlruten den Weg durch die Protestierenden. Als die Kolonne die Heinrichsbrücke (heute Elsterbrücke) erreicht, wo Gegendemonstranten die Straße blockieren, lässt der braune Wahlkämpfer seine Bürgerkriegstruppe von der Kette: »Schlagt die Bande nieder!« SA- und SS-Männer springen von den Fahrzeugen und schlagen gezielt auf die Menschen ein. Und die vor und hinter Hitlers Kolonne fahrenden schwerbewaffneten Polizeikommandos schauen tatenlos zu.

Doch die Proteste halten an und setzen sich während der Kundgebung mit Hitler auf dem Schützenplatz fort. Nach nur sieben Minuten muss er seine Rede abbrechen und die Flucht ergreifen.

Zu jenem Zeitpunkt flaniert im Stadtteil Untermhaus auf einem der für die Stadt typischen Hochbürgersteige ein junger Mann mit einem Blumenstrauß. Scheinbar wartet er auf seine Braut. Doch das Gebinde ist dem Führer der NSDAP zugedacht. In dem Blumenstrauß steckt eine Handgranate. Der junge Mann ist Mitglied der örtlichen Sozialistischen Arbeiterjugend (SAJ). Den Blumengruß will er in Hitlers offenen Wagen werfen – in der Hoffnung, dass die Granate im richtigen Moment explodiert und dem scheinbar unaufhaltsamen Aufstieg des Naziführers an diesem Tag in Gera ein gewaltsames Ende bereitet.

Doch der Attentäter wartet vergeblich.

Nach dem Zusammenstoß auf der Brücke verlässt die Wagenkolonne Gera auf Nebenstraßen. Die Männer des Begleitkommandos stehen mit gezogenen Pistolen in den Fahrzeugen. Demonstranten versperren Hitlers Kolonne immer wieder den Weg aus der Stadt. Der jugendlichen Attentäter vernimmt den Lärm, der aus der Innenstadt zu ihm herüberweht. Dort prügeln auch Einsatzkräfte der Polizei auf die zumeist jungen Gegner der Hitler-Partei ein. Steine fliegen. Der Geraer Polizeidirektor Kehre lässt die Demonstranten mit Karabinerkolben auseinander treiben.

Dann wird es plötzlich still. Der Führer hat die Flucht ergriffen. Auf dem Luftweg, wie er gekommen war. Schwer verletzte Hitler-Gegner werden in die Krankenhäuser eingeliefert.

Das Attentat – gemeinsam von sozialdemokratischen und kommunistischen Aktivisten vorbereitet – fällt aus.

Im Würgegriff der Nazis

Gera an der Weißen Elster im Ostthüringischen Hügelland gilt zu jener Zeit mit seinem Werkzeugmaschinenbau, Apparatebau, den Eisengießereien, Teppichwebereien, Kammgarnspinnereien, Metallwarenfabriken und Lebensmittelbetrieben als die größte Industriestadt Thüringens. In den acht Stadtbezirken wohnen etwa 90.000 Menschen, mehr als in jeder anderen Stadt im Freistaat. Unter den Wählern sind die Arbeiterparteien zahlenmäßig am stärksten vertreten.

Jedoch: Solche gemeinsamen Aktionen von Anhängern der rivalisierenden Arbeiterparteien wie der versuchte Anschlag auf Hitler blieben selten. Eher bot Thüringen damals ein Musterbild des stufenweisen Aufstiegs der Rechtsextremisten in der Weimarer Republik, und zwar begünstigt durch die Rivalität der Parteiführungen von SPD und KPD.

Dabei gab es gerade in Thüringen durchaus positive Erfahrungen im Zusammenwirken der Arbeiterschaft gegen die reaktionären Kräfte. Im Jahr 1920, während des Kapp-Putsches, verjagten bewaffnete Arbeiter innerhalb weniger Tage die Freikorpsleute aus Gera und Umgebung. In diesen Kämpfen für die Weimarer Republik verloren 15 Geraer Arbeiter ihr Leben.

Drei Jahre später, am 16. Oktober 1923, bildeten sich in Thüringen und in Sachsen Regierungen aus SPD und KPD, die ersten rot-roten Landesregierungen Deutschlands. Das Reformprogramm für Thüringen reichte von der Schaffung der Einheitsschule bis zu einem durchgreifenden Sozialprogramm mit Acht-Stundentag, Arbeitslosenhilfe und Einrichtung von Vertretungskörperschaften der Arbeiter in den Unternehmen.

Es gab aber nur zaghafte Versuche eines gemeinsamen Handelns zur Abwehr der neuen Gefahr, und belastet waren diese zudem von unterschiedlichen strategischen Zielstellungen. Weil damals die NS-Bewegung aus Bayern scheinbar unaufhaltsam herüberzuschwappen drohte, stellte die rot-rote Landesregierung die Proletarischen Hundertschaften auf. Der SPD ging es um die Verteidigung der Demokratie und den Schutz der Weimarer Republik. Die KPD jedoch hoffte auf eine

Gera 1930: eine Industriestadt mit 90.000 Einwohnern

Chance zur revolutionären Erhebung und zur Abschaffung der ungeliebten bürgerlichen Republik. Ermuntert von der KPdSU-Führung in Moskau, meinten viele KPD-Funktionäre auf Reichs- und Landesebene, dass die Zeit reif sei für einen deutschen Roten Oktober, für eine proletarische Revolution und eine Diktatur des Proletariats in Deutschland.

Das gipfelte in der Organisation und Durchführung des großen Arbeiteraufstandes 1923 in Hamburg (unter Führung des späteren KPD-Vorsitzenden Ernst Thälmann), der von der Reichswehr blutig niedergeschlagen wurde. Der von reaktionären Kräften getriebenen Regierung in Berlin waren die auf demokratischem Wege gebildeten Koalitionen in Sachsen und Thüringen ein Dorn im Auge. Sie nahm die Hamburger Ereignisse zum Anlass, die Auflösung der Proletarischen Hundertschaften in Thüringen und Sachsen zu verfügen. Als sich die Landesregierungen widersetzten, wurden Thüringen und Sachsen durch die Reichsregierung (bestehend aus DVP, DDP und SPD) unter Gustav Stresemann (DVP) mit der sogenannten Reichsexekution belegt, die mit militärischer Gewalt verbundene Maßnahmen zur Durchsetzung von Beschlüssen des Reichstages und der Reichsregierung beinhaltete. Am 12. November 1923 marschierte die Reichswehr in Weimar und in allen großen Städten Thüringens ein und übernahm die vollziehende Gewalt. Die Proletarischen Hundertschaften wurden aufgelöst, die Presse der KPD verboten, die Wohnungen der KPD-Minister durchsucht. Es gab rund 300 Verhaftungen.

Damit verschoben sich die Kräfteverhältnisse in Thüringen. Einen Generalstreik, wie die KPD ihn forder-

Antifaschistische Demonstration in Gera, 1930. Die KPD ruft auf zur Bildung von Hundertschaften für den »Massenselbstschutz« und noch ein wenig mehr

te, lehnte die SPD ab. Die Regierungskoalition zerbrach, das Experiment einer Linkskoalition war dahin. Für den Februar 1924 setzte die Landesregierung, der nun keine KPD-Minister mehr angehörten, Neuwahlen zum Landtag an. Mehr und mehr gelangte der Freistaat in eine Vorreiterrolle bei der Etablierung der NSDAP im politischen Alltag Deutschlands.

Schon 1924 war die aufstrebende Nazipartei den bürgerlichen Parteien willkommen als Mehrheitsbeschaffer. 1930, begünstigt von der Weltwirtschaftkrise, zog sie mit ihrem Versprechen, die Arbeitslosigkeit abzuschaffen, viele Betroffene auf ihre Seite. Auch in Gera, wo 10.250 von 83.195 Einwohnern arbeitslos waren.

Die NSDAP stellte in der bürgerlichen Thüringer Regierung den Innenminister Wilhelm Frick, einen »alten

Kämpfer«, der 1923 mit Hitler in München geputscht hatte. 1932 brachte es die NSDAP in Thüringen zur mehrheitlich regierenden Partei. Das Amt des Ministerpräsidenten besetzte der Vorsitzende der NSDAP-Parlamentsfraktion und Gauleiter Fritz Sauckel.

Beide Nazipolitiker erwiesen sich später als besonders brutale Exekutoren der Hitlerdiktatur. Frick wurde 1933 von Hitler als Reichsminister des Innern nach Berlin geholt und 1943 zum Reichsprotektor von Böhmen und Mähren ernannt. Sauckel, ab 1933 Hitlers Reichsstatthalter in Thüringen, war entscheidend beteiligt an der Errichtung des Konzentrationslagers Buchenwald oberhalb Weimars, wo 56.000 Menschen umgebracht werden sollten. Zudem wurde er von Hitler zum Generalbevollmächtigten für den Arbeitseinsatz von etwa fünf Millionen Zwangsarbeitern in Deutschland ernannt. Beide frühen Vorbereiter der Naziherrschaft in Thüringen, Frick und Sauckel, endeten 1946 in Nürnberg als Kriegsverbrecher am Galgen.

Im Jahr 1932 ahnten viele Geraer noch nicht das Ausmaß der Gefahr. Bei der Reichspräsidentenwahl stimmte die Mehrheit von 29.138 Wählern für den senilen Generalfeldmarschall Hindenburg, der seit 1925 dieses Amt bekleidete. Die SPD unterstützte den »Weltkriegshelden« und Demokratiefeind, weil sie ihn für das geringere Übel hielt.

Hitler konnte mit 17.420 Stimmen in Gera einen Teilerfolg verbuchen, der das Umschlagen der politischen Stimmung im Land widerspiegelte. Deutlich distanzierte er den KPD-Kandidaten Ernst Thälmann (7.633 Stimmen) und den bürgerlichen Kandidaten Theodor Duesterberg (2.302 Stimmen) vom Stahlhelm, dem starken Arm der Deutsch-Nationalen Volkspartei.

Zu jener Zeit standen in Gera schon alle Zeitungen unter Kontrolle der NSDAP, was gravierenden Einfluss auf die politische Meinungsbildung in der Stadt hatte. SA-Schlägertrupps überfielen die Veranstaltungen ihrer politischen Gegner, provozierten auf den Straßen die Jugendlichen und skandierten überall ihre Parolen. Linke Organisationen wie die Rote Jungfront, der Jungspartakusbund, die Freidenker und die Antifaschistische Rote Garde waren in Thüringen 1930 unter dem Druck der an der Regierung beteiligten NSDAP verboten worden.

Pfadfinder, Wandervögel und Christliche Jugend vermieden die offene Auseinandersetzung mit Ideologie und Organisationen der NS-Partei. In der Katholischen Jugend gab es sowohl Distanzierung als auch Zustimmung zur NS-Ideologie. Die Evangelische Jugend und die Bündische Jugend hatten gegenüber dem Nationalsozialismus und der Hitlerjugend keinerlei Berührungsängste. Gegen den Nationalsozialismus traten vor allem die Sozialistische Arbeiterjugend, der Kommunistische Jugendverband und die Arbeitersportverbände auf.

Viele junge Thüringer SPD-Mitglieder erwarteten nun von der Führung ihrer Partei entschlossene Maßnahmen zur Verteidigung der Demokratie. Die Berliner Parteispitze war jedoch nicht bereit, außerparlamentarische Aktionen zu dulden oder zu unterstützen, und hoffte auf eine Entzauberung der NSDAP und ihres Führungspersonals im Amt. Eine Zusammenarbeit der Jugendorganisationen von SPD und KPD wurde gezielt verhindert. Weder im

Vorfeld von Hitlers Machtübernahme noch während der Diktatur gab es nennenswerte Kontakte zwischen der Thüringer KPD und SPD auf Landesebene.

Als am 27. Februar 1933 der Reichstag brannte, begann auch die Verfolgung der Sozialistischen Arbeiterjugend. Ihre Zeitungen wurden verboten, Jugendheime durchsucht und Verhaftungen vorgenommen. Aktivisten der SPD-Jugendorganisation und des Reichsbanners im Land Thüringen bildeten in Gera ein Zentrum des antifaschistischen Widerstands. Viele junge Mitglieder der SPD und der SAJ, Funktionäre, Gruppenleiter, Helferinnen und Helfer der Bewegung der Kinderfreunde engagierten sich.

Die Gestapo, die Geheime Staatspolizei, schätzte die Zahl der gegen das Regime tätigen Personen in der Stadt Mitte 1934 auf etwa 500 Personen. Eine partielle Zusammenarbeit von Sozialdemokraten und Kommunisten im Widerstand entwickelte sich schließlich durch persönliche Kontakte jenseits offizieller Parteigremien.

Auf eigene Faust

Junge SPD- und SAJ-Mitglieder in Ostthüringen, die sich aus der gemeinsamen Arbeit als Helfer in der Reichsarbeitsgemeinschaft der Kinderfreunde Deutschland kannten, bildeten den Kern des organisierten regionalen Widerstandes in Gera. Die Reichsarbeitsgemeinschaft der Kinderfreunde bestand seit 1923. Träger des Vereines waren die SPD und der Allgemeine Deutsche Gewerkschaftsbund, die Arbeiterwohlfahrt, die SAJ und die Sozialdemokratischen Lehrer Deutschlands. Die Arbeitsgemeinschaft verstand sich als Dachorganisation aller auf dem Gebiet der fortschrittlichen, sozialistischen Kindererziehung wirkenden Organisationen und Parteien. Im Vorstand des Reichsausschusses waren alle auf diesem Gebiet tätigen Arbeiterorganisationen und Parteien vertreten, außer den Kommunisten.

Bereits 1930 begann in der Geraer SAJ die strategisch weitsichtige Vorbereitung auf einen eventuell notwendig werdenden illegalen Kampf. Damit einher gingen theoretische Debatten über den künftig einzuschlagenden politischen Kurs der Thüringer SPD. So entstand die Idee zur Bildung eines linken Netzwerkes innerhalb der Partei, das sich *Junge Marxisten* nannte. Geleitet wurde die Gruppe von Aktivisten der SAJ, die sich zumeist aus der Kinderfreundebewegung gut kannten. Dem ersten illegalen Führungsteam gehörten Jack Greidinger, Arthur Schöneburg, Karl Wetzel, Willi Schneider, Ernst Küspert, Fritz Roth, Paul Richter, Hubert Frister und Ernst Heyer an. Willi Schneider war lange Zeit Vorsitzender der SAJ in Gera und später der SAJ Ostthüringen. Paul Richter war Vorsitzender der SPD-Ortsgruppe Gera und später im Unterbereich Südthüringen Vorsitzender der Ortsgruppe Meiningen. Karl Wetzel leitete den Unterbezirk der SPD in Ostthüringen, und Arthur Schöneburg war Landtagsabgeordneter der SPD. Das Netzwerk agierte neben den offiziellen Parteistrukturen und bemühte sich insbesondere um eine Sensibilisierung für die Gefahr eines Putsches der NSDAP und der SA.

1932 bildete man eine Jugendhundertschaft der SAJ in Gera zum Schutz der eigenen Mitglieder. Den äußeren Anlass gab ein drei Jahre zurückliegender Vorfall in Jena, wo 30 Nazis nach einer Wahlveranstaltung 15 SAJ-Mitglieder angegriffen und einen Jungsozialisten erstochen hatten. Die SPD-Führung in Thüringen war, wie auch diejenige in Berlin, gegen die Aufstellung solcher Hundertschaften. Doch die jungen SPD-Aktivisten trafen mittlerweile ihre eigenen Entscheidungen. Beinahe alle linken politischen Jugendorganisationen und -bewegungen setzten damals auf den Aufbau von Selbstschutz- und Kampforganisationen. Beim Kommunistischen Jugendverband hießen diese Formationen Arbeiterwehren, in den Arbeitersportvereinen nannte man sie Wandergruppen.

Die Jugendhundertschaft der SAJ wurde von der Illegalen Leitung der Gruppe Junge Marxisten organisatorisch und politisch geführt. Wesentliche Aufgaben waren in der Zeit vor der NS-Machtübernahme:

- Begleitung von SAJ-Mitgliedern nach ihren Gruppenabenden auf dem Nachhauseweg und Schutz vor Überfällen der SA;

- Verhinderung von NSDAP- und SA-Veranstaltungen;
- Schutz eigener Veranstaltungen;
- Vorbereitung auf eine eventuelle militärische Auseinandersetzung im Falle eines NS-Putsches gegen die Weimarer Republik;
- aktiver Schutz der Arbeiter gegen Streikbrecher bei einem eventuellen Generalstreik im Falle der Machtübertragung an Hitler.

Der Thüringer Widerstandskämpfer Richard Held erinnerte sich später: »Auch wir als politisch organisierte Arbeitersportler und zahlreiche fortschrittliche Parteilose bildeten unter der Leitung kriegserfahrener Genossen aus der SPD eine ›Wandergruppe‹ in Gera/Zwötzen, um der drohenden Gefahr des Faschismus entgegen zu wirken. Es wurde mit der Ausbildung an herkömmlichen Waffen begonnen. Handgranaten, Gewehr 98 und ein Leichtes Maschinengewehr wurden als praktische Übungsobjekte genutzt. Um die Kampfstärke nach außen zu demonstrieren, strebten wir an, in einer gemeinsamen Uniform als disziplinierte Gruppe aufzutreten.

Da der größte Teil unserer Kämpfer arbeits- und mittellos war, organisierten wir eine öffentliche Lotterie. Mit dem Reinerlös konnten wir für jeden Kämpfer ein Paar Stiefel und Stiefelhosen kaufen. Pullover, Windjacke und Mütze hatte jeder selbst zu stellen. [...] Die Namen der Kämpfer wurden geheim gehalten. Es gab nur eine Erkennungsmarke nach einem Nummernsystem. Unsere Gruppe wurde von Otto Rösler, dem Wirt der Turnhalle, geführt, der Erfahrungen aus dem Kapp-Putsch und dem Ersten Weltkrieg mitbrachte. Da der Waffenbesitz in der Weimarer Republik für Arbeiter verboten war, erfolgte der Transport der Waffen mit besonderer Sorgfalt. So musste das Versteck und das Behältnis des Schulungs-MG unter den Genossen immer wieder gewechselt werden. Unser Mitglied Alfred Eckstein benutzte dazu einen Wäschekorb und sein Fahrrad. [...] Das Versteck für das Leichte MG war der untere Teil des auf der Bühne stehenden Klaviers in der Kneipe der Turnhalle. Bei der Überwachung einer politischen Versammlung setzte sich einmal der anwesende Kriminalist Maurer direkt neben das Klavier. Wir saßen alle mit ängstlichem Gefühl im Saal.«

Bei der Ausbildung übte man zunächst den Gebrauch von Stöcken und Zaunlatten für die Auseinandersetzungen mit der SA. Erst später folgte die Ausbildung an Infanteriewaffen. Die praktischen Schießübungen der SAJ-Hundertschaft erfolgten in den Kellerräumen unter dem Saal der Ostvorstädtischen Turnhalle. Nachts traf man sich zu Geländeübungen in einer alten Lehmgrube bei Leumnitz östlich von Gera. Die Waffen stammten aus alten, zurückgehaltenen Beständen des Reichsbanners.

Über die Herkunft und die Verstecke einiger dieser Waffen berichtet die Zeitzeugin und Widerstandskämpferin Erna Schneider: »Aus der Zeit des Kapp-Putsches wurden in der Mietwohnung von meinem Schwiegervater, Karl Schneider, in Gera in der Debschwitzer Straße. 17, Waffen und Munition eingelagert, weil er als alter SPD-Genosse dem Frieden nicht traute.

In dem Haus war unter dem Dach ein Trampel mit Hohlräumen, dort versteckte mein Schwiegervater die Waffen. In bestimmten Zeitabständen wurden sie herausgeholt, geölt und wieder eingelagert. Einige dieser Waffen wurden von Erich Rudolph zur Ausbildung in der Hundertschaft zeitweise genutzt. Später, im Sommer 1935, als die Faschisten schon lange an der Macht waren, wurde den Schneiders die Wohnung vom Vermieter gekündigt. Das Haus sollte umgebaut werden. Es war höchste Zeit, die Waffen verschwinden zu lassen. Im Nachbarhaus meines Schwiegervaters war einst das Jugendheim der SAJ-Gruppe Gera-West. In diesem Heim hatte sich seit 1933 die Hitlerjugend eingenistet.

Zum Haus gehörte auch ein Kohlenkeller, der durch ein Waschhaus mit dem Haus, indem mein Schwiegervater wohnte, verbunden war. Eines Nachts im Jahre 1935 wurden die Waffen vom Dachboden meines Schwiegervaters mit Hilfe unserer Widerstandsgruppe geholt, die Kohlen im Kohlenkeller des Hitlerjugendheimes beiseite geräumt, eine Grube im Boden des Kellers ausgehoben und die Waffen in die Grube eingelagert. Danach wurde die Grube geschlossen und die Kohlen wieder darauf gestapelt. An diesem Ort waren die Waffen so sicher, dass sie erst 1950 wiedergefunden, freigelegt und der Polizei übergeben wurden.«

Der militärtheoretische und -praktische Unterricht der Gruppe von Erich Rudolph fand im Hofgebäude des SPD-Zeitungsverlages *Ostthüringische Tribüne* (zu DDR-Zeiten: Karl-Liebknecht-Haus) statt. Erich Rudolph war von Beruf Tischler. In den Jahren der hohen Arbeitslosigkeit arbeitete er als Maler in Gera und Anfang der 30er Jahre als technischer Zeichner bei einem Architekten. Das militärische Wissen eignete er sich selbst an. Dabei stützte er sich auf SPD-Genossen, die schon 1920

Wahlkampf 1932 in Gera. Zweiter von links Erich Rudolph, oben auf der Plattform links Hermann Drechsler mit seinem Sohn Erich. Im Auto Mitglieder der SAJ-Hunderschaft

im Reichsbanner gegen die Kapp-Putschisten in Gera gekämpft hatten. Außerdem eignete er sich durch das Lesen von Schulungsmaterial der Geraer Schützenvereine notwendiges Basiswissen an. Nicht nur Waffenkunde stand auf dem Ausbildungsplan, auch politische Bildung. So wurden das Kommunistische Manifest und die Broschüre »Lohn, Preis und Profit« gelesen und besprochen.

Die Jugendhundertschaft der SAJ wurde vorrangig von SAJ-Mitgliedern gestellt. Aber auch Mitglieder der KPO und parteilose Arbeiter gehörten ihr an. (Die KPO, Kommunistische Partei Opposition, im Volksmund KP Null genannt, war eine Abspaltung der KPD, die sich gegen die Unterordnung der Partei unter die Weisungen aus Moskau wehrte und die strategische politische Gegnerschaft zur SPD nicht mitmachte. In Gera zählte sie zeitweilig mehr Mitglieder als die KPD.)

Die Werbung für die Jugendhundertschaft erfolgte über Mundpropaganda an den Arbeitsplätzen. Für den Eintritt in die Hundertschaft war eine Bürgschaft von Mitgliedern der Gruppe Junge Marxisten erforderlich. Bei einem Teil der Bewerber spielten neben ihrem parteipolitischen Engagement auch jugendlicher Überschwang und Lust am Abenteuer eine Rolle.

Bei den Zusammenkünften bereitete man sich besonders intensiv auf die Saalschlachten mit der SA vor, die zumeist bei NSDAP-Veranstaltungen in der Ostvorstädtischen Turnhalle in Gera losbrachen. Oder in den Räumen der Heinrichsbrücke (DDR-Zeit: Bergarbeiterclub). Mitglieder der Jugendhundertschaft mischten sich unter die Teilnehmer der NSDAP-Versammlungen und versuchten zu stören. Auseinandersetzungen mit der Polizei gingen sie jedoch möglichst aus dem Wege, um nicht im Register der Polizei zu erscheinen, die seit 1930 in Thüringen unter NS-Führung stand.

Die militärische Struktur der Geraer Jugendhundertschaft sollte im Falle eines bewaffneten Staatsstreichs der NSDAP und der SA gegen die Weimarer Republik aktiv werden. Herbert Frister berichtete, dass geplant war, bei Beginn des NS-Putsches eine bei Großenstein auf einer Anhöhe gelegene Feldscheune als Signal für den Beginn des bewaffneten Abwehrkampfes anzuzünden.

Auf dieses Signal warteten die Geraer vergeblich.

Dass Hitler letztlich mit Billigung des Reichspräsidenten und der traditionellen politischen Elite legal an die Macht gelangen würde, konnte sich offenbar keiner der Thüringer SAJ-Aktivisten vorstellen. Formal existierte die Republik nach der Ernennung Hitlers zum Reichskanzler zunächst fort. Es war ein schleichender, mit den Insignien reichspräsidialer Legalität versehener Putsch, aus dem die Hitlerdiktatur hervorging. Die SA-Formationen traten nun als Hilfspolizei auf.

Das stürzte die Führung der Jugendhundertschaft nach dem 30. Januar 1933 in ein taktisches Dilemma. Wegen der Stillhaltepolitik der SPD-Führung blieben die Mitglieder der Sozialistischen Arbeiterjugend in Gera sich selbst überlassen. Doch nicht nur das: Die Thüringer SPD-Führung stellte es den Unterbezirken der Partei 1933 frei, sich selbst aufzulösen. Das war die Kapitulationserklärung der Traditionspartei.

Von der Zentrale in Berlin kamen regelmäßig Appelle, Ruhe zu bewahren. Noch am 23. Februar, mehr als drei Wochen nach Hitlers Ernennung zum Reichskanzler, riefen die Reichsvorsitzenden der SAJ, der Gewerkschaftsjugend und der Arbeitersportverbände gemeinsam die Jugend auf, ausschließlich auf Grundlage der Verfassung zu handeln.

Bei den Reichstagswahlen am 5. März 1933 stimmte eine Mehrheit der Geraer Bürger für die NSDAP. Allerdings zeigte sich auch, wie stark die Anhängerschaft der beiden linken Parteien trotz des entfesselten Terrors noch war. Von 56.649 abgegebenen Stimmen entfielen fast 24.000 auf die NSDAP, jedoch über 26.000 auf SPD und KPD.

Als Hitler am 8. März 1933 alle Mandate der KPD im Reichstag und somit auch im Thüringer Landtag für ungültig erklärte, protestierte keine der verbleibenden Parteien im Reichstag und im Landtag gegen diesen Verfassungsbruch, auch nicht die SPD.

Bereits am 2. März 1933 befanden sich in Thüringen ca. 1.000 KPD-Mitglieder in sogenannter Schutzhaft, darunter auch die KPD-Stadträte von Gera, Meta Böhnert, Max Keppel und Fritz Gäbler.

Das völlige Versagen der SPD-Führung, vor allem ihr opportunistisches Verhalten und die von antikommunistischen Ressentiments geprägte Kurzsichtigkeit, leitete eine Wende im politischen Denken vieler junger Mitglieder der SPD in Gera ein.

Von nun an wurden die Entscheidungen vor Ort getroffen.

Netzwerke in der Illegalität

Nach der Zerschlagung der KPD durch den Repressionsapparat des Nazi-Staates rechneten die jungen SPD-Genossen auch mit einem Verbot der SPD. Decknamen wurden festgelegt. Elsa Richter hieß nun Freia, Hans Richter firmierte als Wotan, Hedwig Rudolph schützte sich mit dem Namen Heddel, Erich Rudolph nannte sich im Untergrund Ganger, aus Fritz Roth wurde Beff, aus Alfred Schumann Schumser. Unter dem Pseudonym Mann verbarg sich Willi Schneider. Herbert Richter existierte in der Illegalität unter dem Codenamen Kuli, Hans Sachse war der Seemann und Kurt Hoffmann verwirrte als Bummel die Gestapo-Ermittler.

Zu Beginn der illegalen Tätigkeit zählte die Widerstandsgruppe Junge Marxisten in Gera rund 200 Mitglieder. Innerhalb der Organisation wurden Fünfergruppen gebildet. Es war, wie wir heute wissen, eine der stärksten illegalen Gruppierungen der SPD in Ostthüringen. Sie suchten die Verbindung zur illegal wirkenden KPD und der KPO in Gera. Paul Richter erinnert sich:

»Die illegale KPD in Gera trat an uns zwecks enger Zusammenarbeit heran. Es wurde abgesprochen, dass aus Gründen der Konspiration die Gruppen getrennt bleiben, dass jedoch eine Abstimmung der illegalen Arbeit erfolgen sollte. Für die Koordinierung wurden Verbindungsleute benannt.«

Wie schon zu Zeiten des Bismarckschen Sozialistengesetzes nutzten die SPD-Aktivisten vorpolitische Organisationen wie Sportvereine für ihre Untergrundarbeit.

Ernst Heyer berichtet: »Man war sich klar darüber, dass eine Aktionseinheit der verschiedenen Richtungen im marxistischen Lager hergestellt werden muss. Hierzu waren die Voraussetzungen besonders in den jüngeren Kreisen der Sportbewegung nicht ungünstig. War es doch möglich, dass zur Zeit der politischen Hochspannung, während der Massenstreiks und Demonstrationen mehrere Nächte hindurch gemeinsame Wachen der Sportler, politischen Funktionäre und Abwehrorganisationen (z. B. Hundertschaften) durchgeführt wurden. Ich hatte damals als Vorsitzender des Turnvereins Gera-Zwötzen diese mit zu organisieren«.

Verbindungsleute für die Widerstandsgruppe Junge Marxisten seitens der KPD waren Ernst Küspert und seitens der KPO Friedrich Giessner. Letzterer hatte 1919 die KPD in Gera mit gegründet und war von 1925 bis 1932 Mitglied des Geraer Stadtrates gewesen. Er lehnte die Stalinisierung der KPD ab und trat gegen die These auf, die Sozialdemokratie sei der gemäßigte Flügel und Zwillingsbruder des Faschismus. Im Mai 1934 wurde Giessner verhaftet, zu drei Jahren Zuchthaus verurteilt und in das KZ Buchenwald verschleppt, wo man ihn bis 1940 festhielt. 1945 wurde er Vorsitzender des Antifakomitees von Gera und danach Bürgermeister der Stadt. Jedoch galt er in der DDR wegen seiner ehemaligen KPO-Mitgliedschaft zunächst als politisch suspekt. Erst nach 1956 wurde er rehabilitiert.

Kurz vor dem Verbot der SPD gab die Geraer Gruppe Junge Marxisten im April 1933 erstmals die Flugschrift *Der Marxist* heraus. Darin wurden die Arbeiter der Stadt Gera aufgefordert, den von der NS-Arbeitsfront okkupierten Feiern zum 1. Mai 1933 fernzubleiben. Den Gewerkschaftsführern, die den Naziaufruf zum sogenannten Tag der Arbeit unterstützen, warf das Kampfblatt Verrat vor und rief stattdessen zu separaten illegalen antifaschistischen Maifeiern auf. Eine dieser illegalen Feiern wurde im Ort Hain bei Gera durchgeführt.

Auch in anderer Form zeigte sich an diesem Tag der Widerstand gegen die neuen Machthaber. Über Gera wehte am 1. Mai 1933 eine rote Fahne. Junge sozialdemokratische Widerstandskämpfer hatten sie auf dem höchsten Schornstein der Stadt befestigt und in halber Höhe an den Steigeisen ein Paket mit der Aufschrift »Vorsicht Sprengstoffbombe«, angebracht. Erst am späten Nachmittag gelang es der Polizei, die Fahne einzuholen. Wegen der vermeintlichen Explosionsgefahr waren Sprengstoffspezialisten aus Leipzig angefordert worden. In dem Paket fanden sie jedoch nur Lumpen und Steine.

Am 22. Juni 1933 wurde die SPD in Deutschland verboten.

Geraer Funktionären gelang es in der Nacht nach dem Verbot noch, die Parteizentrale und das SAJ-Büro in Gera zu räumen. Alle Mitgliederlisten wurden vernichtet, das transportfähige Mobiliar und die Ausrüstungen bei SPD-Genossen versteckt. Als der Leiter der politischen Kriminalpolizei, Maurer, und sein Vertreter Kühn in die Räume eindrangen, um das Vermögen der SPD zu beschlagnahmen, fanden sie im Panzerschrank nur noch einen einzigen Reichspfennig vor. Keiner der SPD-Genossen verriet, wo sich das Vermögen der Geraer SPD befand. Die Parteigelder in Höhe von ca. 3.000 Reichsmark wurden von Herbert Frister auf ein völlig unverdächtiges Privatkonto eingezahlt. Der Gestapo gelang es nicht, dieses Konto ausfindig zu machen. Das ermöglichte es der Widerstandsorganisation, die illegale Arbeit mit einem Teil des Geldes zu finanzierten. Bei Kriegsende befanden sich noch etwa 660 Reichsmark auf dem Konto.

Auch die Lager und Büroräume der Kinderfreundeorganisation fand die Polizei geleert vor. SAJ-Mitglieder hatten die Vervielfältigungsapparate und Schreibmaschinen rechtzeitig versteckt, Zelte und Inventar wurden unter den SAJ-Mitgliedern aufgeteilt. Die Kinderbücher der Falken übernahm Paul Rosenhainer aus Debschwitz und bewahrte sie bis 1945 auf.

Es galt indessen, noch mehr zu retten. In der Stadt Gera hatte auch die Unterbezirksleitung der SPD Ostthüringen ihren Sitz. Zu deren Verantwortungsbereich gehörten die Städte Greiz, Zeulenroda, Schleiz und Lobenstein. Fritz Roth, Hans Eberlein und Walter Schack fuhren den Unterbezirk ab, um in den örtlichen Büros die Parteigelder der SPD vor der Beschlagnahme zu retten. Dazu wurden sie mittels notarieller Beglaubigung an zuverlässige Privatpersonen auf Verwahrungskonten überschrieben oder eingezahlt. Das erwies sich jedoch als Fehler. Die NS-Ermittler konnten über die Akten der Notare das Geld finden und einziehen. Damit gerieten die Kontoinhaber in große Schwierigkeiten, einige wurden verhaftet.

In der Folgezeit bemühten sich die Geraer SPD-Widerstandsaktivisten um eine Vernetzung ihrer Organisation mit anderen Untergrundstrukturen außerhalb Thüringens. So wurde in den Jahren 1933/34 durch die Leitung der Widerstandsgruppe Junge Marxisten über Berliner SAJ-Genossen aus der Kinderfreundebewegung eine Verbindung zu der in Berlin und Prag, ab 1938 aus London wirkenden Widerstandsorganisation *Neu Beginnen* hergestellt. Leitungsmitglieder der Widerstandsgruppe Junge Marxisten sicherten den Kontakt zu der Berliner Genossin Liesel Praxmann (Deckname Erika). Ab diesem Zeitpunkt nannte sich die Geraer Widerstandsgruppe Junge Marxisten/Neu Beginnen.

Die Gruppe *Neu Beginnen* war 1929 von Walter Löwenheim und weiteren ehemaligen Mitgliedern der KPD und SPD gegründet worden. Löwenheim, ursprünglich Leiter der KPD-Presseabteilung, war 1928 aus der KPD ausgeschlossen worden. Er sah in der Spaltung der Arbeiterbewegung eine entscheidende Ursache für zunehmende Stärke der NSDAP. Daher vertrat die Führung von *Neu Beginnen* die Auffassung, dass die zermürbende Konkurrenz von KPD und SPD beendet werden muss.

Das Netzwerk versuchte, Mitglieder aus beiden Parteien zusammenzuführen, was nur konspirativ – unter Umgehung der Parteigremien von SPD und KPD – geschehen konnte. Somit war die Organisation bereits vor 1933 in gewisser Weise schon auf die illegale Arbeit gegen den NS-Machtapparat vorbereitet.

Nachdem der SPD-Parteivorstand mit der Berliner SAJ gebrochen hatte, schloss sich die gesamte Führung unter Erich Schmidt und Fritz Erler dem Netzwerk *Neu Beginnen* an. Die Organisation strebte den Aufbau einer professionell agierenden marxistischen Partei an, die nach dem Zusammenbruch der Diktatur das Machtvakuum nutzen und eine sozialistische Revolution anführen sollte.

Indem die Geraer Gruppe Junge Marxisten 1934 den Schulterschluss mit der deutschlandweit aufgestellten Organisation *Neu Beginnen* suchte, verbesserte sie die logistischen Rahmenbedingungen der eigenen illegalen Arbeit. 1935 gehörten dem Widerstandsnetzwerk von *Neu Beginnen* 500 Mitglieder an. Die eigenwillige politische Orientierung der Organisation kollidierte mit den Positionen der SPD-Führung in der Emigration. In den Jahren 1935 bis 1937 eskalierte der Konflikt, und die SPD-Führung stellte zunächst jede Unterstützung von *Neu Beginnen* ein. Erst kurz vor Kriegsende konnten die Differenzen beigelegt und die Kooperation wieder aufgenommen werden.

Neu Beginnen kooperierte ab 1935 mit der Widerstandsorganisation Deutsche Volksfront. Zur Führung dieser Gruppierung gehörte Dr. Louis Brill. Der Thüringer Landtags- und Reichstagsabgeordnete war im Mai 1933 aus der SPD ausgetreten, weil er über die Tatenlosigkeit seiner Partei enttäuscht war. Von der Nazijustiz wurde er wegen Hochverrats zu zwölf Jahren Zuchthaus verurteilt. Er gehörte dann zu den Initiatoren des geheimen Volksfrontkomitees im KZ Buchenwald. 1945 gründete er den Thüringer Bund der Sozialisten. Von der US-amerikanischen Besatzungsmacht wurde er als erster Ministerpräsident Thüringens eingesetzt. Nach dem Einmarsch der Roten Armee in Thüringen wurde er seines Amtes enthoben und politisch kaltgestellt.

Das Netzwerk *Neu Beginnen* hatte auch Kontakt zu der Berliner Gruppe *Bund der religiösen Sozialisten*

Deutschlands unter Pfarrer Erich Küschner. Er gehörte später zur Leitung von *Neu Beginnen*. Die konspirativen Gruppen umfassten bis zu fünf Mitglieder. Sie waren härtester Verfolgung ausgesetzt.

Strukturell war die Organisation *Neu Beginnen* 1938, im vierten Jahr der Hitlerdiktatur, in Deutschland praktisch zerschlagen und konnte nur noch aus dem Ausland wirken. Nach dem Krieg löste sie sich auf. Ihre Mitglieder spielten nun beim Wiederaufbau der SPD in Deutschland eine wichtige Rolle. In Westberlin verhinderten 1948 die beiden ehemaligen Mitglieder von *Neu Beginnen* Theo Thiele und Eberhard Hesse eine Vereinigung von KPD und SPD, indem sie eine Urabstimmung der SPD-Mitglieder organisierten.

Anders manche ehemaligen Mitkämpfer von *Neu Beginnen* im Osten, wo sich beide Arbeiterparteien 1946 vereinigten. Robert Havemann und der Pfarrer Küschner wurden Mitglieder der SED und bekleideten später in der DDR parteipolitische Funktionen. Pfarrer Erich Kürschner arbeitete nach 1945 im Magistrat von Ostberlin und war dann im Kulturausschuss der SED tätig. Von 1959 bis 1962 war er wissenschaftlicher Mitarbeiter des Außenministeriums der DDR.

Versuche, die Animositäten zwischen den Arbeiterparteien abzubauen, gab es nach der Machtergreifung Hitlers auf beiden Seiten. Linke SPD-Mitglieder gründeten 1934 in Prag die Organisation *Revolutionäre Sozialisten Deutschlands*. Rückhalt erlangten sie besonders im benachbarten Sachsen und Thüringen. Mit der in Prag veröffentlichten Plattform *Klare Abkehr vom Reformkurs und Rückwendung zu den marxistischen Traditionen der SPD* konnten sich die Jungen Marxisten in Gera identifizieren. Große Mengen an Kuriermaterial aus dem Grenzsekretariat der SPD-Auslandsorganisation in Karlsbad schleusten sie nach Thüringen.

Auch in der illegalen KPD und in der Kommunistischen Internationale setzte nach der Machtübernahme ein Prozess des Umdenkens ein. Der VII. Weltkongress der Kommunistischen Internationale 1935 propagierte die Volksfrontpolitik. Doch die Verletzungen der Vergangenheit wirkten fort. Nicht nur SPD-Mitglieder, sondern auch ehemalige KPD-Anhänger, die Opfer von Fraktionskämpfen in den 20er Jahren geworden waren, blieben vorsichtig. So lehnte auch die Organisation *Neu Beginnen* die Beteiligung an der von den Kommunisten propagierten Volksfront ab, weil man im Fall einer Mitarbeit mit der Vereinnahmung und Vernichtung der eigenen Strukturen rechnete. Erst Schritt für Schritt entwickelte sich angesichts des wachsenden Repressionsdrucks an der Basis eine Zusammenarbeit über Organisationsgrenzen hinweg.

Die Fünfergruppen der Jungen Marxisten in Thüringen waren so organisiert, dass die Mitglieder nichts von den anderen Gruppen wussten. Nur zwei sogenannte Org.-Leute aus der Leitung und die Leiter der Gruppen hatten zueinander Verbindung. 1934 wurden auch Führungsgruppen geschaffen, die für die Organisation und Durchführung subversiver Aktionen zuständig waren. Gruppenleiter waren Willi Schneider, Willi Trögel, Kurt Klotz, Fritz Vogel, Alfred Reuter, Fritz Dinjus, Walter Schaub, Ernst Heyer, Erich Rudolph, Walter Dix, Erich Dietsch, Kurt Vogel, Otto Stahn, Erich Hofmann, Otto Gläser, Marie Roth, Paul Richter, und andere, die auf Grund der lange zurückliegenden Zeit nicht mehr festzustellen sind.

Ende 1933 waren bei den Jungen Marxisten 180 bis 200 illegale Mitglieder organisiert. Bei Kriegsende zählte die illegale Organisation noch etwa 50 Mitglieder.

Die Gruppen trafen sich zwei- bis dreimal im Monat in Privatwohnungen, in Wanderheimen oder auf Wanderungen in der Umgebung Geras. Zunächst wurde die Organisation mittels der versteckten SPD-Parteigelder finanziert. Später zahlte man bei jedem Treff oder anderen Veranstaltungen eine Reichsmark ein. Damit wurden in Not geratene Mitglieder oder deren Angehörige unterstützt sowie Materialkäufe realisiert.

Von der Organisation *Neu Beginnen* erhielt die Geraer Gruppe Fotokopien der Zeitung *Roter Stoßtrupp* und die illegale Schrift *Faschismus oder Sozialismus – eine Diskussionsgrundlage zu Streitfragen des Sozialismus in unserer Epoche*. Zur Tarnung trug die Broschüre den Titel: Über die Religion.

Geraer Wandergruppe 1934 – Mitglieder der Widerstandsgruppe »Junge Marxisten«. In der ersten Reihe Hans Richter (2. v. l.), Erich Rudolph (1. v. r.), Karl Wetzel (2. v. r.). Dahinter: Hedwig Rudolp (1. v. r.) und Else Richter (2. v. r.)

Ein Teil der illegalen Organisation *Neu Beginnen*, der in Berlin wirkte, wurde 1938 durch den Verrat eines in Leipzig inhaftierten Jungsozialisten zerstört. Die Berlinerin Liesel Praxmann soll sich in der Zelle das Leben genommen haben, hieß es. Sie schützte damit auch die Verbindungen zu der Geraer Gruppe Junge Marxisten. Nach diesen Ereignissen brach die Zusammenarbeit der Geraer mit Berlin ab.

Die Organisation in Gera hatte im Laufe der Zeit regionale Kontakte zu anderen illegalen Gruppen in den

Städten Jena, Zeitz, Weimar, Hermsdorf, Klosterlausitz, Triptis, Meiningen, Sonneberg, Suhl, Lauscha, Meuselwitz, Zwickau, Leipzig. Zu Widerständlern in Braunschweig und Hannover hielt besonders Erich Rudolph die Verbindung. Jetzt zahlten sich die vielen Freundschaften aus der Kinderfreundebewegung aus.

In Jena hielten Fritz Röhrtanz, in Zeitz Kurt Böttcher, Hermann Sänger und Dr. Agricola (SPD-Mitglied, arbeitete jedoch in einer Widerstandsgruppe der KPD), und in Weimar Hans Eberling die Zusammenarbeit im illegalen Widerstandsnetzwerk aufrecht. Walter Böhme fungierte als gemeinsamer SPD- und KPD-Kurier der Geraer Widerstandskämpfer und deckte die Verbindungen zu den Parteibüros in Prag und Karlsbad ab. Er brachte das Buch *Der Reichstagsbrand* illegal nach Gera und wurde schließlich von der Gestapo verhaftet. Solche Kurierfahrten ins Ausland wurden bis ins Frühjahr 1941 durchgeführt.

In der ersten Zeit der Illegalität kämpfte die Widerstandsgruppe besonders um den Schutz des Eigentums der SPD in Gera und Ostthüringen. Auch sollten die ehemaligen Mitglieder der Arbeiterorganisationen zusammengehalten werden, weil man sich Hoffnungen machte, die noch nicht gefestigte NS-Diktatur stürzen zu können. Dazu gehörte die tätige Solidarität mit den Opfern des Regimes und deren Angehörigen.

Später verteilten die illegalen Gruppen Agitationsmaterial wie die illegale Zeitung *Der Marxist*. Mittels Kinderdruckbuchstaben und Kartoffeldruck fertigte man Flug- und Klebezettel an. Erich Rudolph berichtet: »Bei der Verteilung von Flugzetteln stellte ich mich spät abends, in verkehrsarmen Zeiten, auf die offene hintere Plattform der Anhänger der Geraer Straßenbahn und warf die Zettel auf die Straße. Wir streuten auch welche auf die Bürgersteige, vor Fabriktore und in nicht verschlossene Hauseingänge. Außerdem legte ich Flugzettel in ein offenes Kästchen auf den Gepäckträger meines Fahrrades und fuhr in der Nacht durch Gera. Der Fahrtwind tat sein Übriges.«

Die Widerstandorganisation propagierte unter den Arbeitern des Autobahnbaus Bummelstreiks. Es wurden nationalsozialistische Plakate zerrissen oder beschmiert und die Jugend zum zivilen Ungehorsam aufgefordert, zum Beispiel durch Nichtteilnahme am Hitlerjugenddienst. Auch das von den Nazibehörden eingerichtete Winterhilfswerk und der sogenannte Eintopfsonntag sollten boykottiert werden. Unter den Kleinbauern wurde gegen das Erbhofgesetz agitiert. Gegen die sogenannten Ehestandsdarlehen machten die Jungsozialisten ebenso Front. So versuchten die illegalen Gruppen, wirtschafts- und sozialpolitische Kernprogramme des Regimes zu sabotieren, die als Kitt der neuen Volksgemeinschaft wirkten und dementsprechend in der Nazipropaganda bejubelt wurden.

Der Autobahnbau galt dem Regime als probates Mittel zur Reduzierung der Arbeitslosenzahlen und für die Disziplinierung der Arbeitnehmer. Das riesige Infrastrukturprojekt erwies sich zudem als idealer Legitimationshintergrund für den Ausbau des paramilitärisch organisierten Reichsarbeitsdienstes, dessen Vorläufer den Praxistest im Land Thüringen bereits vor der Machtübernahme der Nazis bestanden hatte. Mittels des Winterhilfswerkes wurden von den NS-Gliederungen Geldspenden zur Unterstützung bedürftiger Volksgenossen gesammelt und über die nationalsozialistische Volkswohlfahrt verteilt.

Der Eintopfsonntag wurde am 1. Oktober 1933 eingeführt. An zwei Sonntagen der Monate Oktober bis März sollte in allen deutschen Haushalten Eintopf gegessen werden, wobei die Differenz zum normalen Sonntagsessen (ca. 50 Reichspfennig) von den Blockwarten kassiert und an das Winterhilfswerk übergeben wurde. Das Erbhofgesetz, das am 29. September 1933 erlassen wurde, sollte die Überschuldung und Zersplitterung von Bauernwirtschaften verhindern, was auch damit begründet wurde, dass der Bauer »Lebensquell« der nordischen Rasse sei. Indem die Erbhöfe zunächst für unveräußerlich erklärt wurden, konnten einerseits Bauernhöfe erhalten werden, andererseits waren damit Eigentümerrechte der Besitzer eingeschränkt. Und mittels der Ehestandsdarlehen in Höhe von bis zu 1.000 Reichsmark sollte verheirateten Frauen ein Anreiz für deren Verzicht auf berufliche Erwerbsarbeit zugunsten männlicher Arbeitsloser geboten werden.

Ideologisch verbrämt wurde diese arbeitsmarktpolitische Maßnahme mit einem Rückgriff auf den Mutterkult. Die deutsche Frau sollte nicht an der Werkbank stehen oder im Büro sitzen, sondern Kinder gebären. Das Ehestandsdarlehen diente daher offiziell der Vorbereitung von Frauen auf die Mutterschaft. Auch die Kampagnen der NS-Einheitsgewerkschaft *Deutsche Arbeitsfront* (DAF), etwa *Kraft durch Freude* (KdF) oder das Volkswagensparen, versuchten die SAJ-Aktivisten zu sabotieren. Zur Baufinanzierung des VW-Werkes in Wolfsburg wurden durch das Regime Volksaktien ausgegeben. Mit dieser Aktion wurde scheinbar an alte sozialistische Vergesellschaftungsforderungen angeknüpft. Nebenbei verringerte der Staat dadurch die Menge umlaufenden Geldes und damit zugleich das durch die beginnende Aufrüstung deutlich erhöhte Inflationsrisiko.

Die Zeitung *Der Marxist* erschien in regelmäßigen Abständen in einer Auflage von 60 bis 70 Stück, hergestellt mit einer Schreibmaschine und einem Vervielfältigungsgerät aus den geretteten Beständen der Partei und verborgen in der Bodenkammer eines Hinterhauses in der Untermhauser Straße. Erich Rudolph berichtet in seinen Lebenserinnerungen: »Die noch unbeschriebenen Wachspapierseiten und das Abzugspapier versteckte ich in meiner Einzimmerwohnung in der Reinholdstraße 25 in Gera. Ich verbarg es dort im Treppenhaus im Plumpsklo, unter der Klobrillenhalterung in einem Holzkasten. […] Die fertig beschriebenen Wachsbogen und andere Materialien holte ich von einen Verbindungsmann, der in der Greizer Gasse, Ecke Saugraben, einen Gemüsestand hatte. Sein Name war Bernstein. Ich ritzte den Kopf der Zeitung *Der Marxist* in ein leeres Wachsbogenblatt, und wir vervielfältigten alles. Ab 1937, als wir gemeinsam im Doppelhaus von Fritz Roth und Hans Richter in Gera-Bieblach, Seydlitzstraße (Rosa Luxemburg Straße) wohnten, stellten wir unser illegales Schriftmaterial im Keller dieses Hauses her.«

Die erste Ausgabe der Zeitung *Der Marxist* schrieb Erna Schneider auf ihrer Reiseschreibmaschine im Haus der Eltern in Gera auf Wachspapier. Bis zum Verbot der

SPD war sie als technische Kraft im Sekretariat der SPD in Weimar beschäftigt gewesen und dadurch in Gera wenig bekannt. Später schrieb sie die Seiten gemeinsam mit Marie Roth. Auch Auszüge aus illegalem Material, das von den Kurieren eingeschleust wurde, örtliche Meldungen, Nachrichten ausländischer Radiosender (Prag, London, Bern) wurden abgetippt und vervielfältigt. Später hörten die Geraer auch den Sender der Europäischen Revolution aus London, der Beiträge über die Organisation *Neu Beginnen* brachte.

Verfasser der Artikel waren vor allem die Genossen Greidinger, Pettrich und Prof. Hermberg aus Jena. Franz Pettrich war vor 1933 Chefredakteur der SPD-Zeitung *Ostthüringer Tribüne* in Gera gewesen. Seit den Wahlen im Jahr 1930 saß er für die SPD im Reichstag. In Berlin arbeitete er nach 1933 illegal in der Berliner Volksfront und war an der Abfassung der programmatischen Plattform dieser Organisation maßgeblich beteiligt.

Die Berliner Volksfront wurde im Jahre 1938 durch die Gestapo zerschlagen. Franz Pettrich wurde vom Volksgerichtshof zu acht Jahren Zuchthaus verurteilt und im Frühjahr 1945 bei der Räumung des KZ Sonnenburg von der SS ermordet. Seine Verbindungen zu den Geraer Widerstandskämpfern hatte er nicht preisgegeben.

Erich Rudolph übernahm auch die Verteilung der Zeitung. Einige Exemplare übergab er an Fritz Roth aus der Leitung der illegalen Organisation, aber auch an die illegalen Kommunisten in Gera, deren Verbindungsmann zur SPD Kurt Pampel war. Über die Wahrnehmung der Zeitschrift berichtete Erich Rudolph: »Ich erinnere mich, dass eines Tages auf dem Nikolaiberg, im Schaukasten der *Geraer Zeitung*, ein Artikel hing, den Verübergehende lasen. Der Schaukasten war an der Mauer über dem Pfarramt angebracht. In der *Geraer Zeitung* vom 5. Oktober 1933, hieß es: Immer noch marxistische Hetze – Das Thüringer Polizeipräsidium teilt mit: Aus Kreisen der ehemaligen SPD und KPD wird eine illegale Schrift *Der Marxist* verbreitet. Der Polizei ist es gelungen, einige Exemplare zu beschlagnahmen. Da die geistigen Urheber, Hersteller und Verbreiter der Schrift in Gera oder seiner nächsten Umgebung zu suchen sind, sind gestern verhaftet worden:

1. Parteisekretär Robert Giebler (SPD).
2. ehemaliger Landtagsabgeordneter Arthur Schöneburg (SPD).
3. ehemaliger Bezirksführer Louis Najok (SPD).
4. ehemaliger Redakteur Max Fuchs (KPD).
5. Schlosser Hermann Schulze (SPD).
6. Friedrich Giessner, Ortsführer der KPO.

Wenn die Schrift gleichwohl weiter erscheinen sollte, ist mit weiteren polizeilichen Maßnahmen zu rechnen.

[…] Als ich diesen Artikel gelesen hatte, musste ich heimlich lachen, da es sich um unsere Flugschrift *Der Marxist* handelte, von der ich im Moment ein Paket mit der nächsten Ausgabe zur Verteilung in meinen Rucksack hatte.«

Alle Verhafteten wurden aber nach sechs Monaten wegen Mangel an Beweisen von einem Sondergericht in Weimar freigesprochen.

Später benutzte man für die Herstellung der Zeitung nicht mehr Wachspapier, sondern Normalpapier, fotokopierte dann die Blätter und vervielfältigten sie. Die Fotoausrüstung stammte zum Teil aus Berlin von *Neu Beginnen*. Die Arbeiten wurden abwechselnd von Fritz und Kurt Vogel und von Erich Rudolph gemeinsam mit Hans Richter durchgeführt.

Einmal gerieten sie allesamt in höchste Gefahr, Erich Rudolph beschreibt das so: »Auf Grund der Verhaftung des Kopfes der illegalen Gruppe Junge Marxisten bestand die Gefahr, dass noch mehr Verhaftungen und Hausdurchsuchungen folgen konnten. Deshalb musste jede Spur zu unserer Geheimdruckerei verwischt werden. Alles Material zum Drucken der Zeitung *Der Marxist* wurde bei Nacht und Nebel vernichtet. Auch die Organisation musste wieder umstrukturiert werden.

Nach einer Pause von einem Vierteljahr erschien die Zeitung aufs neue. Aber dann kam das Material für die Zeitung nur noch in Einzelexemplaren, und so klein wie nur irgend möglich, in Form von Fotokopien. Wir bekamen den Auftrag, diese Kopien fototechnisch zu vervielfältigen. Die Auflage wurde auch aus Sicherheitsgründen reduziert. Die Fünfergruppen in Gera bekamen nur noch je ein Exemplar. Damit war den Genossen immer noch ein Mittel zum Aushalten in schwachen Stunden gegeben. [...]

Die Zeitung war für sie ein Zeichen, dass es noch andere Genossen gab, welche mit ihnen den Kampf gegen den Faschismus fortsetzten. Die illegalen Schriften verpackte ich in jeweils gängige Obstkartons oder als Geschenkpackungen. Jedes Paket gab ich unter falschem Absender auf einem anderen Postamt in Gera und Umgebung auf, z. B. auf der Bahn, der Hauptpost, in Zwötzen, Ronneburg oder Langenberg. Die Adressen dazu

Treffen der Illegalen im Landheim Lindenkreuz, 1935. Fritz Roth (2. v. l.), Karl Wetzel (3. v. l.), Erich Rudolph (1. v. l.), Erich Dietsch (Mitte), hinter ihm Paul Richter, Marie Roth (3. v. r.), Erna Schneider (2. v. r.), Hedwig Rudolp (1. v. r.)

bewahrte ich in verschlüsselter Form auf. Ich benutzte dazu ein bestimmtes Buch und eine Zahlentabelle.«

Von einer Kurierfahrt zurückgekehrt, legte Fritz Roth sein Päckchen mit illegalem Material auf den Küchentisch. Gerade wollte er sich im Nebenzimmer umziehen, als es klingelte. Er öffnete die Tür und sah sich der Kriminalpolizei mit einem Durchsuchungsbefehl gegenüber. Doch als die Kripo die Küche betrat, war das Päckchen weg. Bei der Haussuchung wurde kein belastendes Material gefunden. Nachdem die Kripo unverrichteter Dinge abgezogen war, sagte sein alter Vater, der im Schaukelstuhl in der Küche saß: »Ich weiß schon lange, dass du illegal arbeitest. Wenigstens mich ich hättest du einweihen können.«

Der Vater hatte das Päckchen rechtzeitig versteckt.

Fritz Roth und Erich Rudolph unternahmen Kurierfahrten nach Berlin, Hannover und Braunschweig. Dafür benutzten sie ein 500er Motorrad mit Beiwagen. In den mitgeführten Reserveschlauch hatten sie ein kleines Loch geritzt, dort schoben sie die Filme hinein, verklebten den Schlauch mit einen Flicken und montierten ihn aufs Vorderrad.

Von Braunschweig und Hannover brachten die Thüringer die Zeitung *Sozialistische Blätter* der Widerstandsgruppe Sozialistische Front mit, kopiert auf Fotofilm.

Die Untergrundkämpfer führten praktisch ein Doppelleben. Sie mussten ihre gefährlichen Aktivitäten neben der beruflichen Erwerbsarbeit ausführen. Manchmal kamen Emissäre der Londoner Organisation *Neu Beginnen* nach Gera. Fritz Roth berichtet über ein Treffen Ende 1936 in der Laube eines Waldgrundstücks am Fuchsberg: »An der Zusammenkunft nahmen 15 Mitglieder der Geraer Organisation Junge Marxisten (außer den Leitungsmitgliedern auch einige 5er-Gruppenleiter) teil. Der Deckname des Gastes war Dr. Arnold, und er kam über Holland aus London. Es war ein sehr gut informierter Genosse. Er sprach über die Lage in Deutschland und über die illegale Tätigkeit. Das Treffen gab den Geraern Aufschwung und neue Kraft.«

Nach Kriegsbeginn am 1. September 1939 wurden viele der illegalen Geraer SPD-Genossen zur Wehrmacht eingezogen. Haftentlassene steckte man meist in das berüchtigte Strafbataillon 999, ein Himmelfahrtskommando der Wehrmacht, das an besonders gefährlichen Kampfabschnitten mit niedrigen Überlebenschancen zum Einsatz kam.

Über die letzte Begegnung mit seinem Genossen Karl Wetzel berichtete Herbert Richter: »1944 lag meine Einheit in Lübeck-Schultop. Mir wurde mitgeteilt, dass in einem Lazarett in Lübeck ein Geraer Freund meinen Besuch erwartet. Ich sollte ihn bei dem Spaziergang auf dem Hof des Lazaretts treffen. Dabei stellte ich fest, dass Karl nicht heraus und ich nicht hinein durfte, weil es sich um das Lazarett der Strafbataillons 999 handelte. Das Gespräch fand durch den Drahtzaun statt. Dabei gab Karl zu verstehen, dass er bald wieder an die Front käme und dass er bei der nächsten Feindberührung versuchen werde überzulaufen. Das war das letzte Lebenszeichen von ihm.«

Karl Wetzel wurde bei Kampfhandlungen des Strafbataillons 999 am 3. März 1944 getötet. Einer der Stolpersteine, die man in Gera zum Gedenken an die Opfer der NS-Zeit angelegt hat, erinnert an ihn.

Sand ins Getriebe

Auf Grund der geografischen Lage wurde Thüringen zu einem der für die Rüstungswirtschaft wichtigsten Länder des Reiches. Den im Krieg befindlichen NS-Staat wollten die Illegalen nun an seiner empfindlichsten Stelle treffen: in der Rüstungsproduktion. *Der Marxist* forderte alle ehemaligen Mitglieder der Arbeiterparteien über Parteigrenzen hinweg zur Bildung von Sabotagegruppen in den Rüstungsbetrieben auf. Im Zweigwerk von Siemens & Halske (Wernerwerke) in Gera waren es vor allem Fritz Roth, Alfred Schumann und Herbert Dix, die eine solche Struktur aufbauten. In den Hermsdorfer Keramischen Werken (Hescho) arbeiteten illegale Gruppen der KPD und SPD gemeinsam.

Bei Hescho, einer Zweigniederlassung der Porzellanfabrik Kahla, wurden Bariumtitanat und Kondensatorkeramik für die Rüstungsindustrie hergestellt. In der Feinschleiferei organisierten Otto Worms (SAJ), Rudi Scheffel (KPD), Herbert Schulz und Franz Piehler mit Hilfe sowjetischer, französischer, jugoslawischer und belgischer Zwangsarbeiter die Sabotage. Es wurde Engpassmaterial vernichtet und die Arbeite-langsam-Bewegung organisiert.

In Hermsdorf arbeiteten 3.588 Kriegsgefangene und Zwangsarbeiter aus 15 europäischen Ländern. Darunter auch polnische Kinder zwischen zehn und 15 Jahren. Die Gestapo war für Sonderbehandlungen zuständig, was oft dem Todesurteil gleichkam. Es wird vom Tod von 140 Kindern und Jugendlichen berichtet.

Als dem jungen litauischen Zwangsarbeiter Nikolai Nitschemenko (Deckname: Naum Spektor) die Verhaftung drohte, verhalfen ihm die Widerstandskämpfer in der Feinschleiferei zur Flucht. Sie beschafften für ihn eine Uniform der Hitlerjugend und ein Fahrrad. Otto Worms ermöglichte ihm am 6. März 1943 mit gefälschten Papieren das nächtliche Verschwinden. Naum Spektor überlebte den Krieg. Sein Helfer Otto Worms, der auch an der illegalen Planung und Vorbereitung der Sprengung des Kraftwerkes der Hescho beteiligt war, fiel am 11. März 1943 in die Hände der Gestapo und wurde am 12. März 1943 in der Untersuchungshaft erschossen oder erschlagen. In Gera erinnert eine Gedenktafel an ihn.

1943 begann man in Thüringen wegen der alliierten Bombenangriffe mit dem Bau unterirdischer Betriebe und Lager. Ein großer Teil der Rüstungsproduktion wurde verlegt in Bergwerksstollen, Eisenbahntunnel und Kalibergwerke. In den Stollen bei Nordhausen schufteten Zehntausende KZ-Häftlinge und Zwangsarbeiter bei der Herstellung der Raketen V1 und V2. Ein großer Teil von ihnen überlebte das nicht.

Die unterirdische Waffenschmiede REMAHG (*Reichsmarschall Hermann Göring Werke*) bei Kahla stellte noch kurz vor Kriegsende 20 Strahltriebflugzeuge des Typs Messerschmitt Me 262 her. Viele Spezialfirmen waren wichtige Zulieferer für die Rüstungsindustrie des Reiches.

Jedes vierte Maschinengewehr der Wehrmacht kam aus Suhl. In Gotha wurden Flugzeugzellen und Pilotenkarten hergestellt. Die Eisenacher Motorenwerke lieferten Flugzeugmotore. Aus dem Hause Zeiss in Jena stammten Ferngläser, Entfernungsmesser, U-Boot-Sehrohre und Flak-Kommandogeräte. In Hermsdorf wurde dic Luftmunitionsanstalt 5/IV angesiedelt. In 64 mit Erde getarnten Bunkern lagerten Fliegerbomben und Munition für die Luftwaffe.

Durch Produktionsverlagerungen wurde auch Gera zur Waffenschmiede für den Krieg. Wichtigster Rüstungsbetrieb in der Stadt waren die Geraer Technischen Werkstätten (Kepplerstraße, Gera-Lusan), ein Zweigwerk von Zeiss Jena, angesiedelt 1937 in der engen Schlucht des Türkengraben, in einem Waldstück in Richtung Dürrenebersdorf. Von dort kamen Kommandogeräte für die schwere Flak, U-Boot-Sehrohre und ähnliche Rüstungsgüter. Zur Tarnung malte man ein Rot-Kreuz-Symbol auf das Dach.

Der 1938 gegründete Betriebsteil von Siemens & Halske in der Parkstraße produzierte im Krieg hauptsächlich Kleinkondensatoren und Spezialkondensatoren für Funkgeräte der Wehrmacht und Luftwaffe. Die Außenstelle der Firma Hescho lieferte keramische Kondensatoren. 1942 gab es dort eine 600-köpfige Belegschaft. Im Kompressorenwerk Hinrich Leo, das schon im Juni 1939 zum Rüstungsbetrieb erklärt worden war, zählte man sogar 762 Beschäftigte.

In den Rüstungsbetrieben suchte sich die SPD-Widerstandsorganisation Ansatzpunkte für Sabotageaktionen. Fritz Roth wurde 1941 in das Zweigwerk der Firma Siemens & Halske (DDR: VEB Elektronik Gera) als Maschineneinrichter zwangsverpflichtet. Vom Kriegsdienst war er krankheitsbedingt frei gestellt worden. Im

Auftrag der Widerstandsorganisation bemühte er sich um den Aufbau einer Sabotagegruppe. Dabei konnte er sich besonders auf Alfred Schumann und Walter Dix stützen, die er aus der gemeinsamen Arbeit in der Sozialistischen Arbeiterjugend (SAJ) und seit 1933 aus der illegalen Arbeit in der Gruppe *Junge Marxisten/Neu Beginnen* kannte. Alfred Schumann und Walter Dix waren ebenfalls zwangsverpflichtet und in der Vorfertigung des Werkes tätig.

Zu der Widerstandsgruppe bei Siemens & Halske gehörten schließlich zehn Personen. Erich Riedel aus Frankenthal arbeitete in der Fertigungsabteilung, Gertrud Kühn aus Gera und der SPD-Genosse Schreier aus Ronneburg in der Qualitätskontrolle. Kurt Gehrt aus Gera, Kurt Krumpholz aus Altpforde und Bruno Seifert aus Kleinfalka waren in der Vorfertigung beschäftigt. Max Steiniger aus Gera war im Vorrichtungsbau eingesetzt. Die illegale Gruppe hatte somit Zugang zu den wichtigsten Werksabteilungen und war damit in der Lage, die Produktion systematisch zu sabotieren.

In der Wirtschaft Thüringens leisteten während der Kriegszeit etwa eine halbe Million Menschen Zwangsarbeit. Allein in Geraer Rüstungsbetrieben waren von 1939 bis 1945 mehr als 3.000 Kriegsgefangene und Zwangsarbeiter eingesetzt. Im Geraer Werk von Siemens & Halske arbeiteten 1943 etwa 100 junge Frauen aus der Ukraine, hauptsächlich im Alter von 16 bis 24 Jahren. Sie waren in einem Zwangsarbeiterlager in Gera-Tinz untergebracht.

Unter ihnen befand sich eine Gruppe von Frauen aus der Stadt Kriwoi Rog in der Ukraine, unter ihnen Pawlina Sobolenko, Olga Iwantschenko, Olga Iwannik, Dora Kunewa, Nadeschda Sirenko, Galina Worotschenko, Nina Kupzowa, Tatjana Prochorez und Nadja Sirenko.

Das Lager für Zwangsarbeiterinnen war ein graues, mehrstöckiges Gebäude. Die hölzernen Schlafpritschen knarrten, und jeden Morgen schallte es aus dem dunklen Korridor: »Aufstehen, aufstehen, aber schnell!« Die Frauen mussten sich in langen Reihen anstellen, um etwas warmen Ersatzkaffee zu bekommen. Dann wurde zu dritt angetreten, und es ging zu Fuß, von Aufsehern begleitet, am Bahnhof und am Theater vorbei in die Parkstraße zum Siemens & Halske-Werk.

Am Ausgang des Lagers wurden sie von einem Aufseher gezählt, dann hörte man das hundertfache Klappern der Holzschuhe auf den Straßen der noch schlafenden Stadt. Im Winter hängten sich die Zwangsarbeiterinnen alte Decken um, um sich vor der Kälte zu schützen. An ihrer Brust leuchteten die Buchstaben OST, die Bezeichnung für Ostarbeiter. Am Eingang des Werkes wurde wieder gezählt, man stellte die Frauen in Zweierreihen auf und führte sie in die Werkhallen, wo sie den Meistern zum Ableisten der Zwölf-Stundenschichten übergeben wurden.

Manche der deutschen Vorgesetzten, wie der Chefingenieur Sieger und der Obermeister Rabus, verhielten sich den Zwangsarbeiterinnen gegenüber menschlich. Andere jedoch drangsalierten die ihnen unterstellten Arbeitskräfte. Zwei Werksmeister mit den Spitznamen Kognak und Rex taten sich dabei besonders hervor. Wenn eine der Frauen die restriktiven Vorschriften verletzte, verweigerten sie ihr das karge Mittagessen. Sie

Olga Iwantschenko, Nina Kupzowa und Pawlina Sobolenko (v. l. n. r.), Zwangsarbeiterinnen aus der Ukraine, die für Siemens & Halske schuften mussten

schlugen die Arbeiterinnen und schrieben regelmäßig Berichte für die Geheime Staatspolizei Gera.

Die Frauen verhielten sich anfangs gegenüber allen Deutschen ablehnend. Das war nach den Verhöhnungen und Demütigungen, die sie erfuhren, verständlich. Behutsam suchten die Mitglieder der SPD-Sabotagegruppe Kontakte zu ihnen. Fritz Roth, Walter Dix und Alfred Schumann waren von der Werkleitung mit dem Anlernen beauftragt. Ab und zu versteckten sie in den Kisten für die Werkstücke Brot, Seife, Handtücher oder Kleidungsstücke. Das geschah unter großer Vorsicht, um nicht die Aufmerksamkeit der Gestapo-Spitzel im Werk zu erregen.

Einmal, als gerade keine Aufseher in der Halle waren, näherte sich Fritz Roth Nina Kupzowa, die etwas deutsch sprach, und flüsterte: »Radio Moskau berichtet, dass die

Rote Armee russische Städte befreit. Sie greift weiter an, und es wurden große Teile der Ostukraine befreit. Die Partisanen in Belorussland haben viele Eisenbahngleise zerstört.«

Die Frauen wussten natürlich nicht, ob die Kontaktaufnahme eine Provokation war. Doch am folgenden Tag kam über Nina Kupzowa ein Kontakt mit Olga Iwantschenko zustande. Sie war vom Beruf Lehrerin und politisch geschult, sprach auch etwas deutsch, fasste Vertrauen und bezog noch vier weitere Arbeiterinnen in die konspirativen Kontakte ein.

So begann die gemeinsame illegale Arbeit mit den ukrainischen Zwangsarbeiterinnen aus Kriwoi Rog. Die deutschen Antifaschisten zeigten ihnen, wie man unauffällig langsamer arbeitet, wie Teile falsch angelötet werden und somit Ausschuss produziert wurde. Die Ausschussteile wurden in die Kästen der deutschen Arbeiter gelegt, deren Arbeit wenig oder überhaupt nicht kontrolliert wurde. Die Leistungsabrechnungen der deutschen Arbeiter fanden sich in den Kästen der Zwangsarbeiterinnen wieder. Die deutschen Widerstandskämpfer teilten den Frauen auch mit, wenn Aufseher oder Spitzel die Werkhalle betraten und informierten sie über die Operationen der Roten Armee an der Front.

Auch einfache deutsche Arbeiterfrauen versuchten den Mädchen zu helfen, so Hedwig Meindel, die nicht zur Widerstandsgruppe gehörte. Sie arbeitete zusammen mit Olga Iwannik und schob den ukrainischen Arbeiterinnen oft Brot, Äpfel und anderes zu. Immer war sie freundlich und hilfsbereit. Die jungen Frauen nannten sie später sogar Mutter.

Fritz Roths Frau Marie war Schneiderin und nähte für die Zwangsarbeiterinnen Kleider, damit sie sich beim monatlichen Freigang in der Stadt unauffälliger bewegen konnten. Gemeinsam hörten sie später in den Wohnungen der Roths und Schumanns *Radio Moskau*.

Diese Hilfe für die Zwangsarbeiterinnen konnte extreme Konsequenzen haben. Wer denunziert wurde, musste mit KZ-Haft rechnen.

Am 22. April 1943, zum 73. Geburtstag Lenins, organisierten die Ukrainerinnen eine Schweigeminute. Sie erhoben sich von ihren Plätzen und legten die Arbeit nieder, was sofort die Gestapo im Werk auf den Plan rief. Pascha Tarassowa wurde als Organisatorin erkannt, verhaftet und ins Konzentrationslager Ravensbrück eingeliefert. Sie überlebte und schrieb später in einem Brief an Fritz Roth: »In der Zelle, bei der Gestapo, habe ich viel nachgedacht über mein Schicksal, habe Fehler gesucht. Ich hatte doch damals noch keine Kampferfahrung. Ihr wisst, wie es im Konzentrationslager zuging, aber ich hatte trotzdem großes Glück. Ich traf dort solche mutigen Frauen wie Rosa Thälmann, Maria Fucik, Sophie Mende und manche andere. Diese Frauen, meine Lehrer und Vorbilder, halfen mir zu überleben, die menschliche Würde nicht zu verlieren und im Kampf gegen den Faschismus zu überstehen.«

Eines Tages erkrankte eine der zwangsverpflichteten ukrainischen Arbeiterinnen. In solchen Fällen drohte die Einweisung in die »Baracke der Verdammten«, wie die Krankenbaracke genannt wurde. Nadja Sirenko musste davon ausgehen, dass damit ihr Leben in Gefahr war. Kameradinnen hakten sie unter und trugen sie gleichsam zur Arbeit. Aber lange würde sich die Krankheit nicht verbergen lassen, das wussten alle. Olga Iwantschenko und Olga Iwannik knüpften aus Betttüchern ein Seil und ließen damit ihre erkrankte Leidensgefährtin in der Nacht aus dem zweiten Stock der Wohnbaracke herab. Unten wartete Fritz Roth mit einem Helfer. Sie brachten Nadja Sirenko im Beiwagen des Motorrades von Fritz Roth zu guten Freunden aufs Dorf. Wieder genesen, meldete sich die junge Frau bei der Ortspolizei und sagte, dass sie aus der Ukraine zu einen deutschen Bauern zur Arbeit verpflichtet worden sei. Dieser habe mit ihr nach Gera fahren wollen, doch während der Fahrt habe es Fliegeralarm gegeben. Dabei sei der Bauer getötet worden, und sie sei weggelaufen. Ihre Papiere seien bei dem Bauern geblieben. Die Polizeibeamten glaubten diese Legende und wiesen die Zwangsarbeiterin einem anderen Bauern in Großeutersdorf zu. So überlebte sie den Krieg.

1944 wurde der Kopf der deutschen Widerstandsgruppe im Werk, Fritz Roth, vom Arbeitsplatz weg verhaftet. Die Geraer Gestapo leistete ihren Teil zu der Aktion Gewitter, im Volksmund ironisch abgekürzt zu Aktion Gitter. Das war die Reaktion der Nazibehörden auf das Attentat gegen Hitler am 20. Juli 1944. Überall in Deutschland wurden ehemalige Funktionäre der Arbeiterparteien auf bloßen Verdacht hin verhaftet, in Gera auch Dr. Arno Barth, Hermann Drechsler, Ernst Heyer, Rudolf Jungmann, Walter Schmidt, Anna Schneider, Maria Tröger und Paul Wetzel.

Fritz Roth wurde in das Konzentrationslager Buchenwald verschleppt. Die Initiative in der Arbeit mit den ukrainischen Arbeiterinnen im Werk übernahmen nun Walter Dix, Bruno Seifert und der Meister Alfred Schumann. Als Roth nach fünf Monaten wegen Mangel an Beweisen frei kam, musste er sehr vorsichtig sein. Der Gestapomann Maurer hatte im Werk ein eigenes Dienstzimmer, und oft genug vernahm er dort Verdächtige wie den Meister Alfred Schumann und bedrohte sie. Meistens ging es um angebliche Sympathien für die »Russenmädchen«.

Anfang April 1945, als die amerikanischen Truppen schon ganz nahe waren, erfuhr die Widerstandsgruppe, dass das Zwangsarbeiterlager in Gera-Tinz verlegt werden sollte. Eine riesige Gefahr für die Insassinnen, denn solche Verlegungen in den letzten Kriegstagen erwiesen sich meist als Todesmärsche.

Die Gruppe der Antifaschisten beschloss, die drei politisch aktivsten Zwangsarbeiterinnen im Keller des Doppelhauses von Roth/Schumann und Richter/Rudolph in Gera-Bieblach zu verstecken.

Erich Rudolph war zu jener Zeit Wehrmachtsoldat und lag verwundet im Lazarett München. Kaum genesen, erhielt er den Marschbefehl zu einer Einheit nach Güstrow. Doch er desertierte. In Gera verließ er den Zug und schlich sich nach Hause, um sich in seinem Keller zu verstecken, wo sich schon die drei ukrainischen Zwangsarbeiterinnen befanden. In seinen Erinnerungen schreibt er: »Bei einer Entdeckung durch die Faschisten hätte uns allen der Tod gedroht, mir wegen Fahnenflucht und meiner Frau Hedwig Rudolph wegen Unterstützung der Zwangsarbeiterinnen. Versorgt und beschützt wurden wir durch alle Bewohner des Hauses, Hedwig Rudolph, Marie Roth, Alfred Schumann, Hilde Schumann und

Wiedersehen im Mai 1979: Alfred Schumann (1. v. l.), Erich Rudolph (4. v. l.), Nina Kupzowa (3. v. l.), Pawlina (»Pascha«) Sobolenko (6. v. l.) und Olga Iwantschenko (3. v. r.)

Elsa Richter. Alle diese Genossen gehörten seit 1933 unserer illegalen Widerstandsgruppe an und dadurch wurde das Geheimnis sicher gewahrt.«

Weil die US-Truppen schon zu nahe waren, wurde das Lager in Gera-Tinz dann doch nicht geräumt, sondern sich selbst überlassen. Die Amerikaner griffen viele der Mädchen auf und brachten sie vorerst wieder in Lagern unter. Weder die Amerikaner noch die Briten erkannten in dieser Zeit die Zwangsarbeiter, die aus den

1939 von der UdSSR besetzten ostpolnischen Gebieten (Westukraine und Westweißrussland) und den baltischen Republiken stammten, als Sowjetbürger an. Ihre Rückkehr in die UdSSR war erst nach zähen Verhandlungen und nur auf deren ausdrücklichen Wunsch möglich. Bekannt war schon, dass Stalin sowjetische Zwangsarbeiter und Kriegsgefangene als Verräter betrachtete. Viele von ihnen verschwanden nach der Rückkehr in die Heimat für viele Jahre in Straflagern.

Sowjetische Verbindungsoffiziere, die in das von den Amerikanern besetzte Gera kamen, garantierten jedoch den hier befreiten Zwangsarbeiterinnen die Freiheit und konnten sie zur Rückkehr in die UdSSR bewegen.

32 Jahre später, nach langem Suchen mit Hilfe ukrainischer Zeitungen, erhielt Fritz Roth am 29. April 1977 ein Telegramm aus *Kryvyi Rih*, so der heutige ukrainische Name von Kriwoi Rog. Die ehemaligen Zwangsarbeiterinnen waren gefunden worden.

So fuhr er im Juni 1977 für vier Wochen zu Besuch in die ukrainische Industriestadt.

Im Mai 1979 kamen dann fünf der ehemaligen Zwangsarbeiterinnen nach Gera und wurden von Erich Rudolph und Alfred Schumann herzlich empfangen.

Fritz Roth war bereits verstorben.

Hochverräter für Deutschland

Über die Tätigkeit der Gestapo-Außenstelle in Gera gibt es heute nur noch wenige Unterlagen. Erhalten geblieben sind Aufzeichnungen und mündliche Informationen von Überlebenden, die von den Gestapoleuten Maurer und Kühn verhört, gefoltert, inhaftiert oder mit deren Hilfe in Konzentrationslager eingeliefert wurden.

Maurer und Kühn waren vor 1930 Mitglieder der SPD gewesen und hatten in den letzten Jahren der Weimarer Republik in der politischen Kriminalpolizei des parteilosen Geraer Polizeidirektors Dr. Trautner gedient. Als es brenzlig wurde, retteten sie durch rechtzeitigen Austritt aus der Partei ihre Positionen. Kühn leitete bereits in der Zeit der Weimarer Republik die kriminalpolitische Untersuchung gegen Streikleitungsmitglieder des großen Geraer Teppichweberstreiks 1928/29.

Am 1. Januar 1934 wurde die Thüringer Gestapo-Leitstelle Weimar eingerichtet. Sie hatte ein Netz von ständigen Außenstellen. Der Gestapobeamte Maurer wurde Kühns Vorgesetzter. Die Gerichtsakten belegen, dass beide an der Verfolgung von Mitgliedern der Widerstandsgruppe *Junge Marxisten/Neu Beginnen* beteiligt waren. Dem Verfolgungseifer der beiden Beamten fielen unter anderem folgende Widerständler zum Opfer:

Robert Giebler (6 Monate Untersuchungshaft),
Louis Najark (6 Monate Untersuchungshaft),
Arthur Schöneburg (3 Jahre Zuchthaus),
Karl Wetzel (3 Jahre Haft, dann Strafkompanie 999),
Franz Pettrich (8 Jahre Zuchthaus, dann erschossen),

Max Fuchs (Untersuchungshaft),
Jak Greidinger (4 Jahre Zuchthaus),
Fritz Roth (6 Monate KZ Buchenwald),
Ernst Hayer (3 Jahre Zuchthaus),
Herbert Friester (3 Jahre Zuchthaus),
Erna Schneider (Untersuchungshaft),
Willi Schneider (Untersuchungshaft),
Willi Schmidt (3 Jahre Zuchthaus),
Walter Schaub (3 Jahre Zuchthaus),
Fritz Dinjus (KZ),
Erich Neubert (KZ),
Marie Trögel (KZ Ravensbrück),
Alfred Woyde (KZ Dachau)

Die Gestapo-Stelle in Gera befand sich im sogenannten Torhaus. Die meisten Politischen wurden dort festgehalten. Einige Regimegegner wurden in das Gerichtsgefängnis in der Amthornstraße gebracht. Allein in den Jahren 1934 und 1935 wurden in 14 Hochverratsprozessen 114 Geraer angeklagt. Um die vielen Thüringer Häftlinge unterzubringen, war bereits im Oktober 1933 das provisorische KZ Nohra bei Weimar eröffnet worden. Im November folgten Bad Sulza und am 15. Juli 1937 Buchenwald.

Die Widerstandsorganisation *Junge Marxisten/Neu Beginnen* galt der Gestapo und der NS-Justiz des Landes Thüringen als programmatisch ausgerichtete, politisch ambitionierte und daher besonders gefährliche Gruppe. Das belegen Auszüge aus dem Haftbefehl vom 11. April 1934 und aus der Anklageschrift vom 26. Februar 1935 gegen Jakob Greidinger, Arthur Schöneburg, Ernst Heyer, Hans Helmisch (aus Weimar), Ella Breitenfeld und Erna Kalwasch. Im Schutzhaftbefehl gegen Arthur Schöneburg hieß es:

»Sie stehen in dringendem Verdacht, eine neue staatsfeindliche, marxistische Organisation mit der Bezeichnung *Neu Beginnen* gebildet und diese gefördert zu haben (Vergehen nach §1 und 2 des Reichsgesetzes gegen die Neubildung von Parteien). Die Organisation *Neu Beginnen* hat sich zum Ziel gesetzt, die II. Internationale von innen heraus zu reformieren und den in Prag – CSR – befindlichen Parteivorstand der verbotenen SPD durch Mitglieder der Organisation *Neu Beginnen* zu ersetzen. [...] Schöneburg ist am 21. August 1934 durch einen Polizeibeamten in das Konzentrationslager in Bad Sulza zu überführen. Für den Häftling sind von der Behörde nur dann Transportkosten zu bezahlen, wenn er hierfür nicht selbst aufkommen kann.«

Die Verhaftungen und Verurteilungen von Widerständlern erfolgten hauptsächlich durch Verrat des Leipzigers Werner Zorn.

Ernst Heyer schreibt darüber in seinen Erinnerungen: »Am 5. August 1934 besuchte mich Zorn aus Leipzig im Geschäft, ich führte damals einen Schuhladen, er wollte Auskunft über den Stand der Bewegung bei uns. Er suchte danach Greidinger in dessen Wohnung auf. Wie sich später herausstellte, kam Zorn damals im Auftrag der Gestapo und unter deren Aufsicht. Die Polizei hatte in einiger Entfernung auf der Straße die Unterredung abgewartet. Zorn war zuvor illegal in Prag gewesen und bei der Rückkehr an der Grenze verhaftet worden. Bei der Vernehmung wurde er weich und als Polizeispitzel angeworben.«

Arthur Schöneburg und Ernst Heyer wurden zu drei, Jakob Greidinger zu vier Jahren Zuchthaus verurteilt. Durch den Verrat Zorns wurden im August 1935 noch weitere 16 junge SAJ Mitglieder der illegalen Gruppe *Junge Marxisten/Neu Beginnen* verhaftet und am 2. Oktober angeklagt: Ella Breitfeld, Erich Bock, Fritz Dinjus, Heinrich Dörfer, Otto Gläser, Karl Henning, Hugo Hossak, Kurt Klotz, Helmut Köcher, Walter Köcher, Richard Krüger, Otto Neumann, Albert Werner, Arthur Werner, Karl Wetzel und Ehrhard Wöllner.

In der Anklageschrift gegen diese Widerständler vom 2. Oktober 1935 heißt es:

»Ich klage Sie an, in Gera und anderwärts seit Sommer 1933 in fortgesetzter Handlung das hochverräterische Unternehmen der SPD, mit Gewalt oder durch Drohung mit Gewalt, die Verfassung des Reiches zu ändern, mit vorbereitet zu haben. Dabei war Ihre Tätigkeit darauf gerichtet, zur Vorbereitung des Hochverrates einen organisatorischen Zusammenhalt herzustellen oder aufrechtzuerhalten. – Verbrechen, strafbar nach § 83 Abs. 2 u. 3.«

Als Zeugen der Staatsanwaltschaft waren die Kriminalkommissare Maurer und Weiss aus Gera aufgeführt. Sieben Angeklagte mussten freigesprochen werden, weil ihnen die zur Last gelegte Straftat nicht nachgewiesen werden konnte. Andere, so Karl Wetzel, wurden zu langjährigen Haftstrafen verurteilt.

Dass die NS-Justiz anfänglich gemäß ihren politischen Vorgaben durchaus differenziert vorging und vor allem die Wirkung der Urteile in der Öffentlichkeit berücksichtigte, verdeutlicht ein Bericht der *Geraer Zeitung* vom 20. Dezember 1935 über diesen Prozess:

»Nach der Beweisaufnahme wurde die Anklage wegen Vorbereitung zum Hochverrat nicht aufrecht erhalten. Soweit Verurteilungen erfolgten, geschah es auf Grund des Gesetzes gegen die Neubildung von Parteien. In der Urteilsbegründung heißt es, bei den Angeklagten handelt es sich durchgehend um wertvolle deutsche Menschen, von denen zu erwarten sei, wenn sie sich erst einmal mit der Neuordnung der Dinge abgefunden haben, dass sie auch tatkräftig am Aufbau des Dritten Reiches mitarbeiten werden.«

Noch hoffte das NS-Regime, durch die Kombination von Repression mit arbeits- und sozialpolitischen Maßnahmen auch im Umfeld der verbotenen linken Parteien Boden zu gewinnen. Spätestens mit Kriegsbeginn galten jedoch wesentlich strengere Prämissen für den Einsatz der Gestapo und die Anwendung des politischen Strafrechts. Nun erstreckte sich die Tätigkeit der verbeamteten Schnüffler bis an die Front, wofür die Schilderungen von Herbert Richter eine Illustration bieten:

»Ich war 1942/43 in einer Baukompanie in Frankreich als Küchenbulle abkommandiert. Wir lagen in Rumelei bei Lisieux in Nordfrankreich. Mir wurde der Befehl erteilt, für drei fremde Offiziere Essen vorzubereiten. Die Offiziere trugen Fliegeruniform. Einer der Offizier sprach mich sofort mit ›Soldat Richter aus Gera‹ an. Die drei Offiziere waren die Gestapomänner Maurer, Kühn und Oehlert aus der Gestapo-Außenstelle in Gera. Nachdem die Offiziere weg waren, bekam unsere Kompanie eine Belehrung wegen unvorsichtigen Briefschreibens nach Hause. Danach verschwand der Kamerad Kreuzer aus Gera, der den Geraer Jungkommunisten angehört hatte. Kreuzer ist nie mehr aus dem Hitlerkrieg zurückgekommen.«

Vom 12. Mai 1944 bis 13. April 1945 war Gera zwölf Bombenangriffen ausgesetzt. 548 Tote und 846 zerstörte Wohnhäuser mit 1118 Wohnungen waren die Vernichtungsbilanz.

Ein schwerer Angriff erfolgte am 6. April 1945, acht Tage vor dem Einmarsch der Amerikaner. 109 Flugzeuge der 8. US-Air Force warfen 2.293 Bomben ab. Das Ergebnis waren 124 Tote, 300 zerstörte Wohnhäuser. 34 Betriebe, 21 öffentliche Gebäude und 20 Versorgungsbetriebe wurden schwer beschädigt oder gänzlich zerstört.

In der Stadt Gera gab es nun 8.000 Obdachlose. Auch die das Stadtbild prägenden öffentlichen historischen Gebäude wie Schloss Osterstein, das Zucht- und Waisenhaus, die Alte Post, das Näglische Haus, das Kutschenbachische Haus, das Barockhaus am Markt und die Orangerie wurden getroffen. Die Spinnerei Zwötzen, die Maschinenfabriken Walter Jahr, Karl Wetzel, Gebrüder Jakob, Lechla und Mehlhorn sowie die Zweigstelle der Hescho wurden teilweise zerstört. Auch die Siemens & Halske-Werke wurden stark getroffen.

Nach diesem Bombenangriff wurde die Lage für Alfred Schumann schwierig. Nun versuchte der Gestapo-Mann Maurer die Gunst der Stunde zu nutzen und dem renitenten Meister eine Straftat anzuhängen.

Schumann berichtete: »Beim Bombenangriff auf Gera war durch Betriebsangehörige ein kleiner Raum mit Mehlvorräten geplündert wurden. Als Meister des Bereichs wurde ich dafür verantwortlich gemacht, weil die Plünderung den ›Russenmädels‹ zugeschoben wurde.

Ich sagte Maurer, dass ich mit der Sache nichts zu tun habe. Maurer wurde jedoch sehr drohend, so dass ich in meiner Aufregung sagte, wenn er mich nicht endlich in Ruhe ließe, würde ich ihn durch das beim Angriff entstandene Bombenloch in seinem Zimmer auf die Straße schmeißen. Ab diesen Zeitpunkt reagierte Maurer sehr feige, er ging mir aus dem Weg, so dass ich ihn nie mehr sah. Er tat es wahrscheinlich anderen Gestapogrößen gleich, die sich zu dieser Zeit, im April 1945, schon längst abgesetzt hatten.«

Während die US-Armee heranrückte, begann der letzte grausame Akt der Gestapo in Thüringen. Am 8. April trieb die SS einen Teil der Häftlinge aus Buchenwald nach Weimar, wo der Weitertransport per Bahn erfolgen sollte. Während eines Tieffliegerangriffes in Großschwabhausen erhielt die Lokomotive einen Treffer. Also wurde der Todesmarsch der Häftlinge in verschiedenen Kolonnen über Jena, Eisenberg und Gera zu Fuß fortgesetzt. Als die Kolonnen mittels Bluthunden und Kolbenschlägen von der SS durch Gera gejagt und acht erschöpfte Häftlinge auf der Straße erschossen wurden, empörten sich einige Geraer Bürger am Straßenrand.

Die Antwort der SS-Wachen: »Wer nicht die Schnauze hält, kann gleich mitkommen.«

Die Weimarer Gestapo-Beamten flohen vor den heranrückenden amerikanischen Truppen in Richtung Böhmen und Bayern. Auf ihrem Weg erschossen sie unterwegs aufgegriffene entflohene Häftlinge und desertierte Soldaten. Im Bayerischen Wald, am Großen Arber, vergruben sie ihre Waffen und versuchten in den Wirren des zu Ende gehenden Krieges unterzutauchen.

Der Geraer Gestapomann Kühn floh 1945 in die britische Besatzungszone. In der unmittelbaren Nachkriegszeit schrieb er aus Hamburg einen der ehemaligen Geraer Häftlinge an. Alfred Woyde, den Kühn in das KZ Dachau einliefern lassen hatte, sollte nun bekunden, dass er von Kühn immer human behandelt worden sei. Möglicherweise wollte der Gestapo-Beamte als entnazifizierter Fachmann wieder in den Staatsdienst treten. Den Freibrief des Häftlings bekam er allerdings nicht. Zu viele Leidensgefährten hatte er ins KZ einliefern lassen. So auch die Geraer Kommunistin Helene Fleischer, die 1931 Landtagsabgeordnete und 1932 Reichstagsabgeordnete war. Sie wurde 1934 wegen Hochverrats verhaftet, zu drei Jahren verurteilt und in das Frauen-KZ Moringen gebracht. 1941 wurde sie erneut verhaftet und durch die Geraer Gestapo in die Landesheilanstalt Stadtroda eingeliefert, wo sie Opfer von NS-Ärzten wurde, die an politischen Gefangenen medizinische Experimente ausführten.

Nach »tausend Jahren«

Am 12. April 1945 erschien die letzte Zeitungsausgabe in Gera. Sie verbreitete einen Durchhaltebefehl des Reichsstatthalters Sauckel: »Wer dem Feind die weiße Fahne hisst, wird als Landesverräter und Deserteur bestraft.«

In Gera wurden Standgerichte eingeführt. Alle männlichen Personen von 16 bis 60 wurden zum Volkssturm einberufen. Nichterscheinen konnte mit dem Tode bestraft werden. Die meist nur mit einigen Panzerfäusten ausgerüsteten Trupps sollten den Einmarsch der US-Armee verhindern. Gera wurde zum Lazarettstandort für die nahe Front ausgebaut. Neben dem Waldkrankenhaus wurden Schulen, Altenheime, sogar Gaststätten zu Hilfslazaretten umfunktioniert. Durch die Überbelegungen herrschten unvorstellbare Zustände bei der Verwundetenbetreuung.

Als man aus Richtung Weimar das Donnern der Kanonen und den Gefechtslärm hörte, riefen alle Geraer Widerstandsgruppen die Bevölkerung auf, weiße Fahnen zu hissen und keinen sinnlosen Widerstand gegen die amerikanischen Truppen zu leisten. Ein diesbezügliches Flugblatt war die erste Aktion des Antifaschistischen Komitees Gera, in dem sich ehemalige Mitglieder der SPD, der KPD, Liberale und Christdemokraten zusammenfanden.

Beim Einmarsch der Amerikaner in Gera versuchten einige 15- und 16-jährige Flakhelfer noch zu schießen. Es kam zu einem kleinen Gefecht an der Westgrenze der Stadt, bei dem 13 der jungen Menschen fielen. Am 14. April 1945 kapitulierten die 1.200 Wehrmachtsangehörigen in Gera, ohne in nennenswerte Kämpfe verwickelt gewesen zu sein. Insgesamt waren zu jenem Zeitpunkt 2.600 Geraer Soldaten an der Front gefallen, 28 Geraer kamen in Konzentrationslagern und Gefängnissen um. 211 Geraer Juden wurden durch das Regime ermordet.

Die weitgehend kampflose Übergabe der Stadt an die US-Truppen war nicht zuletzt ein Verdienst der Widerstandsorganisationen. Eine ihrer ersten Aktivitäten galt der Beschaffung von Wehruntauglichkeitspapieren für desertierte deutsche Soldaten, die sich in den letzten Kriegstagen in der Stadt versteckt hatten. Erich Pragner, der als kriegsuntauglicher Verwundeter beim Wehrkreiskommando Gera diente, beschaffte in dem herrschenden Durcheinander Formulare und Stempel. So konnten diese Soldaten der Internierung in einem der berüchtigten provisorischen US-Kriegsgefangenensammellager entgehen und bekamen sogar Lebensmittelkarten.

Die amerikanischen Besatzungstruppen zeigten demonstrative Härte gegenüber den Besiegten. Das entsprach der damaligen Deutschlandpolitik der USA, die von einer Kollektivschuld der Deutschen ausging. Angesichts der Zustände, welche die Amerikaner etwa im KZ Buchenwald vorfanden, muss das nicht verwundern.

Verhaftungen und Internierungen, Verkehrssperren, Einschränkungen und Verbote politischer Betätigung prägten das Leben. In den ersten Tagen nach Einmarsch der Amerikaner gab es kein Radio, keine Post, keine Wasserversorgung, keinen Personennahverkehr und keine Versorgung mit Nahrungsmitteln in Gera. Die US-Armee durchsuchte Haus für Haus. Von 18 Uhr abends bis acht Uhr morgens galt Ausgangssperre. Alle Waffen, Ferngläser, Radios, Fotoapparate und Motorräder waren abzugeben oder wurden bei Haussuchungen konfisziert. Jedes Fahrrad musste angemeldet werden.

Die Amerikaner hatten wenig Interesse am Aufbau einer deutschen Selbstverwaltung in Thüringen. Sie wussten, dass sie nicht lange bleiben würden. Auf der Konferenz der Alliierten in Jalta zwei Monate zuvor war festgelegt worden, dass Thüringen nach Kriegsende zur Sowjetischen Besatzungszone gehören werde.

Am 12. April 1945 traf der Oberbefehlshaber der alliierten Streitkräfte im Westen, General Eisenhower, in Thüringen ein. Sein Interesse galt dem Kalibergwerk Merkers und dem Nebenlager des KZ Buchenwald in Ohrdruf, wo die Deutsche Reichsbank auf Befehl Hitlers 80 Tonnen Goldbarren, Reichsmarkreserven und Devisen im Wert von umgerechnet 3,1 Milliarden Euro, Zahngold ermordeter Juden aus den Konzentrationslagern und Schmuck eingelagert hatte, außerdem Kunstschätze der Berliner Museen, darunter die Büste der Nofretete und Rembrandts Bild »Mann mit dem Goldhelm«.

Die Amerikaner hätten entsprechend den Festlegungen von Jalta den Fund sichern und an die Sowjetarmee übergeben müssen. Das Kalibergwerk wurde jedoch innerhalb weniger Tagen auf Weisung Eisenhowers geräumt und die Schätze unter strenger Bewachung in die amerikanische Besatzungszone nach Frankfurt am Main verbracht. Der Verbleib der Goldbarren, Devisen und einiger Kunstschätze ist bis heute im Detail nicht nachweisbar.

Geschickt nutzten unterdessen die deutschen Antifa-Aktivisten die administrative Konzeptionslosigkeit der Besatzungstruppen aus. In allen Städten und großen Dörfern übernahmen Antifakomitees die Aufgaben der Entnazifizierung und Entmilitarisierung. Viele Beamte, die Mitglieder der NSDAP waren, und auch Offiziere der Reserve wurden verhört, aus ihren Funktionen entlassen und einige sogar in ehemalige Konzentrationslager gebracht.

Erich Rudolph, der zu den Gründern des Antifa-Komitees in Gera gehörte, nannte folgende Mitstreiter, die gemeinsam versuchten, in Gera die Bevölkerung für einen Neuanfang zu gewinnen: Max Keppel, Hans Goldammer, Rudi Scheffel aus der KPD, Fritz Giessner, Edwin Bergner und Fritz Schulze von der KPO und Fritz Roth, Ernst Heyer, Willi Schneider, Paul Richter, Erich Rudolph, Walter Dix und Alfred Schumann von der Widerstandsgruppe *Junge Marxisten*.

Wenige Tage nach der Besetzung Geras durch die Amerikaner führten 20 ehemalige Genossen der KPD, der KPO und der SPD eine erste Beratung in einer Gaststätte in der Greizer Straße durch. Auf dieser Beratung konstituierte sich der Antifaschistische Ausschuss. Der ehemalige Vorsitzende der KPO in Gera, Friedrich Giessner, wurde zum Vorsitzenden dieses Ausschusses gewählt. Giessner und Hans Goldammer (KPD) wurden mit der Säuberung der Stadtverwaltung von ehemaligen NS-Funktionären beauftragt. Willi Schneider (SPD) sollte das neue Arbeitsamt, Erich Rudolph (SPD) das

Jugendamt und die Jugendarbeit übernehmen. Hermann Drechsler (KPD) wurde mit dem Aufbau einer neuen Verwaltung des Landkreises Gera beauftragt. Rudi Scheffel (KPD) und Paul Richter (SPD) sollten sich der Schaffung neuer Gewerkschaften annehmen. Fritz Roth (SPD) und Alfred Schumann zeichneten für die Versorgung der Bevölkerung und die Wirtschaft verantwortlich. Auch die Führungspositionen im Landkreis Gera wurden durch Mitglieder des Antifakomitees besetzt.

Das US-amerikanische Gastspiel in Thüringen endete schnell. Als Anfang Juli 1945 bis dahin von der US-Armee zurückgehaltene Information über die Übergabe Thüringens an die Sowjetarmee auch der Bevölkerung bekannt wurden, flohen viele Thüringer nach Westen. Nun fiel auch der Startschuss für eine groß angelegte wirtschaftspolitische Evakuierungsaktion. Daran beteiligten sich neben Zeiss und Schott auch die Siemens & Halske-Werke in Gera. In einer Nacht- und Nebelaktion wurden ca. 3.000 Firmenangehörige von Siemens & Halske aus Gera und Erfurt und etwa 500 Tonnen Firmengut in wenigen Tagen auf LKW und in Eisenbahn-Waggons verladen und von Thüringen nach Bayern geschafft. Beim Abzug der amerikanischen Verbände verließen 39 Güterzüge mit ca. 3.080 Waggons das Land Thüringen. Sie transportierten vorrangig beschlagnahmte Versorgungs- und Beutegüter.

Die wirtschaftliche Ausplünderung verstieß auf das Gröbste gegen die Vereinbarungen von Jalta, wo festgelegt worden war, dass Thüringen nach dem Krieg der sowjetischen Besatzungsmacht unterstellt und von dieser fürs erste zu regieren sei. Die Produktionssubstanz des

Landes wurde in den wenigen Wochen der Anwesenheit der US-Armee mehr geschädigt als durch die Kriegseinwirkungen. So war beispielsweise in Schmölln ein Ingenieur-Bataillon der US-Armee stationiert, das nur die Aufgabe hatte, vor Übergabe der Verwaltungshoheit an die Sowjetarmee so viele Produktionsausrüstungen wie möglich zu demontieren und in die amerikanische Besatzungszone zu verbringen. Diese Einheit war auch für die Demontage der Hescho und der Porzellanfabrik Kahla zuständig. Durch den Exodus eines großen Teils der naturwissenschaftlichen Elite entstand dem Land Thüringen weiterer großer wirtschaftlicher Schaden.

Gera wurde am 1. Juli 1945 von der 3. US-Panzerarmee verlassen. An diesem Tag explodierte ein mit Minen beladener Güterzug auf dem Gelände des Gaswerkes und zerstörte dabei die Gasbehälter. Teile der Güterwagen flogen kilometerweit bis in die Wohngebiete von Tinz und Bieblach. Die Stadt blieb Monate von jeglicher Gasversorgung abgeschnitten. Die Ursache der Explosion konnte nie ermittelt werden. Es gab Vermutungen, dass die Amerikaner einem Sabotageakt Vorschub geleistet haben könnten.

Die 8. Gardearmee unter Generaloberst Tschuikow rückte nach. Nun zeigte sich schnell, dass die Amerikaner mit ihrem Beutezug den Russen nur zuvor gekommen waren. Diese konfiszierte als Reparationsleistungen, was die Amerikaner in der Eile nicht hatten demontieren können oder woran sie nicht interessiert gewesen waren. In den Zeiss-Werken waren am Ende nur noch sechs Prozent der Produktionssubstanz vorhanden.

Geraer Antifaschisten in Erwartung der Roten Armee. Bildmitte Hans Goldammer (KPD), Erich Rudolph (SPD) und Fritz Giessner (KPO)

Wie aber sollte nun den desillusionierten und durch die Kriegserlebnisse traumatisierten Menschen der Vorteil eines demokratischen Systems vermittelt werden, wenn es keinerlei wirtschaftpolitische Gestaltungsspielräume gab?

Dieser Frage mussten sich die ehemaligen Widerstandskämpfer, die jetzt politische Verantwortung trugen, unverzüglich stellen. Manch einer setzte seine Hoffnungen auf die politische Weitsicht der sowjetischen Besatzungsmacht. Die radikalen linken Antifamitglieder in Thüringen waren überzeugt, dass nach dem Einmarsch der Roten Armee sofort das sowjetische Gesellschaftsmodell in Deutschland übernommen werde.

Die von den Amerikanern in Thüringen installierten Provinzverwaltungen wurden von der sowjetischen Militäradministration nicht bestätigt. Stattdessen installierte man neue Verwaltungen, die bis zu den Landtagswahlen am 20. Oktober 1946 im Amt blieben. Fritz Giessner war nach dem Wachwechsel der Alliierten ab Juli 1945 vorübergehend Bürgermeister und fungierte später unter Friedrich Bloch (parteilos) als dessen Stellvertreter.

Die sowjetische Besatzungsmacht griff hart durch bei Geschehnissen, von denen sie glaubte, dass ihre Sicherheitsinteressen tangiert waren. Vier Geraer Jugendliche wurden in den Jahren 1945/46 der Tätigkeit für den Werwolf beschuldigt. Diese Organisation gab es eigentlich nie, der Begriff war eine Erfindung des Propagandaministers Goebbels aus den letzten Kriegstagen und sollte deutsche Jugendliche motivieren, auf eigene Faust gegen die einmarschierenden Truppen vorzugehen und Sabotageakte zu unternehmen.

Den Russen war das unheimlich, wussten sie doch aus ihrer eigenen Kriegführung gegen die Hitlerarmee auf sowjetischem Boden, wie schmerzhaft der Partisanenkampf Besatzungstruppen zusetzen kann. Die Jugendlichen H. Meyer (17), G. Kochan (16), D. Meyer (17) und H. Rachung (17) wurden am 9. April 1946 zum Tode verurteilt. Später stellte sich heraus, dass die Anschuldigungen gegen sie falsch waren.

Generell wurde das Leben in Gera nun nach Richtlinien organisiert, die das sowjetische Oberkommando bereits am 20. April 1945 in einer Direktive zur Behandlung der deutschen Zivilbevölkerung erlassen hatte.

Politisch und administrativ sollten die Festlegungen der SMAD durch die Antifa-Komitees flankiert werden. Deren Aufgaben waren:

- Verhaftung und Übergabe ehemaliger Nationalsozialisten an die sowjetische Kommandantur,
- Einsammlung und Abgabe von Waffen und Munition,
- Aufbau einer lokalen Polizei oder anderer Ordnungsorgane,
- Übernahme der Kompetenzen von Verwaltungen,
- Personalvorschläge für die Kommunalverwaltungen,
- Umerziehung der Bevölkerung,
- Organisation von Aufräumarbeiten und der Lebensmittelverteilung,
- Erkundung und Verteilung von Wohnraum,
- Unterstützung der Flüchtlinge aus den Ostgebieten,
- Hilfe für die Opfer des Faschismus (Juden, Roma und KZ-Häftlinge).

Die Entnazifizierung erfolgte in Thüringen entsprechend dem Reinigungsgesetz vom 28. Juli 1945. Sogenannte »alte Kämpfer«, also jene NSDAP-Mitglieder, welche bereits vor 1933 in dieser Partei waren, wurden aus den Verwaltungen entfernt. Nach der Säuberung verblieben nur 10,6 Prozent ehemaliger PGs in den Ministerien und 23,6 Prozent in den nachgeordneten Institutionen.

Zwischen Vertretern der Sowjetischen Militäradministration (SMAD) und den frühen deutschen Nachkriegspolitikern zeigten sich auf kommunaler Ebene Anfänge gegenseitigen Respekts.

Oberstleutnant Viktor Malez, Stabschef des 380. Schützenregimentes der Roten Armee und ab Juli 1945 für drei Jahre Geraer Stadtkommandant, berichtete über die Situation in der besetzten Stadt: »Dass es auch andere Deutsche gab, habe ich dann als Stadtkommandant schon in den ersten Tagen erfahren, bestand doch die Aufgabe der Kommandanturen darin, nicht nur für Ruhe und Ordnung zu sorgen, sondern zu helfen, das Leben in der Stadt wieder zu normalisieren. Dazu bedurfte es vieler Verbündeter. Ich fand sie in Kommunisten und Sozialdemokraten, in klassenbewussten Arbeitern und anderen antifaschistisch gesinnten Bürgern. Mir wird zum Beispiel der Genosse Fritz Roth immer in Erinnerung bleiben. Er kam aus dem illegalen Widerstand und hatte mehreren nach Deutschland verschleppten sowjetischen Mädchen ihr schweres Los erträglicher gemacht.

Als erstes wurde dafür gesorgt, dass das Gaswerk den Betrieb wieder aufnahm. Das hatte ein nachhaltiges Echo bei der Bevölkerung. […] Die Bäcker mussten mit Mehl und Kohle versorgt werden, wir haben gemeinsam dafür gesorgt, dass Kartoffeln und Milch herangeschafft wurden.

Mitglieder der sowjetischen Kommandantur, in der Mitte Oberstleutnant Viktor Malez

Dann musste man sich um die vielen Umsiedler (Ostflüchtlinge) kümmern. Ohne die Befehle der SMAD und die Hilfe des Antifakomitees hätte sich kaum etwas bewegt.«

Besonders wichtig war es, die durch den Krieg desillusionierte Jugend in den Prozess des demokratischen Neubeginns zu integrieren. Am 31. Juli 1945 genehmigte die Sowjetische Militäradministration die Bildung von antifaschistischen Jugendkomitees bei den Bürgermeistereien. Zuvor, unter der amerikanischen Besatzung, gab es dafür keine Chance.

Wie sich in Gera die Situation für das Antifakomitee änderte, beschrieb Erich Rudolph: »Ich versuchte die Jugendlichen, die ich noch aus der Kinderorganisation *Rote Falken* kannte, zu sammeln und zu organisieren. Bei abendlichen Treffen klärte ich die Jugendlichen über die faschistische Diktatur und den Ausweg zu einem demokratischen Deutschland auf. In den Junitagen 1945 wurde ich abends auf dem Nachhauseweg von einem Treffen der entstehenden Antifa-Jugendgruppen von einer US-Armeepatrouille gestellt und auf die Kommandantur gebracht. Sie warfen mir einen Verstoß gegen die amerikanischen Befehle vor, da ich unerlaubt mit Jugendlichen politische Gespräche geführt hätte und diese Jugendliche in Gruppen organisiere.

Mit Hilfe von Fritz Giessner, der von den US-Militärs als stellvertretender Bürgermeister in Gera eingesetzt worden war, konnte ich einer Bestrafung entgehen. Nach Einmarsch der Roten Armee übernahm ich bereits Ende Juni 1945 als vom Geraer Oberbürgermeister ernannter Stadtinspektor das Jugendamt Gera. In dieser Funktion bildete ich auch den Antifaschistischen Jugendausschuss der Stadt Gera, der seinen Sitz im Rathaus hatte.

Es gab bereits damals in allen Stadtteilen von Gera Antifa-Jugendgruppen. Sie bauten in freiwilligen Aufbauschichten das ehemalige HJ-Heim in Markersdorf zu einer Funktionärschule der Antifa-Jugend um. Bereits im September 1945 konnte so eine der ersten Kreisschulen der Antifa-Jugend in Markersdorf eröffnet werden. Am 27. bis 30. Dezember 1945 organisierten wir die erste Jugendlandeskonferenz des Landes Thüringens im Wintergarten in Gera.

Die Erfahrungen mit der Jugendschule in Markersdorf bildeten auch die Grundlage für den Aufbau der Landesjugendschule Zeulsdorf bei Gera. Ich erhielt vom Landesjugendausschuss Thüringen den Auftrag, diese Landesjugendschule aufzubauen. Die Landesjugendschule Thüringen wurde dann im März 1946 eröffnet. Zeulsdorf war die erste Landesjugendschule in der SBZ. In ihr wurden bis 1948 FDJ-Funktionäre aus Thüringen und den Westzonen auf ihre Jugendarbeit in den FDJ-Organisationen vorbereitet.«

Erich Rudolph organisierte auch Antifa-Jugendgruppen in der Geraer Umgebung, so in Ronneburg, Weida, Hermsdorf, Triptis, Münchenbernsdorf, Neustadt, Stadtroda und Köstriz. Später gründete er die FDJ-Kreisorganisation Gera und wurde deren Vorsitzender.

Die Antifa-Komitees hatten beim Einmarsch der sowjetischen Besatzungstruppen eine starke Position. Daraus resultierte ein gewisser Freiraum. Weitsichtige sowjetische Verwaltungsoffiziere arbeiteten mit dem Komitee eng zusammen und machten sich bei der Unterstützung des politischen Neuanfangs im Land verdient. Erich Rudolph berichtet von »vielen Aussprachen mit dem Kultur- und Jugendoffizier der Kommandantur Leutnant Goriatschew, »wobei wir die Probleme der Erziehung, Bildung und Pflege der Kinder und Jugendlichen besprachen«.

Doch die Entscheidungsfreiheit der Thüringer Antifakomitees währte nur kurze Zeit. Nach Rückkehr der Exil-Kommunisten, insbesondere derer aus der UdSSR, wurde unter ihrem Einfluss die Arbeit der Antifakomitees in der sowjetischen Zone schrittweise verändert. Die Rückkehrer wollten das bestimmende Element in einer zukünftigen deutschen Selbstverwaltung sein. Ihre Funktionäre betrieben nun die schnelle Zulassung ihrer Partei sowie die Auflösung der Komitees. Diskrepanzen zwischen den in Deutschland verbliebenen Antifaschisten und den Exilanten waren unverkennbar.

Viele Widerstandskämpfer aus der Organisation *Junge Marxisten/Neu Beginnen*, welche die NS-Zeit überlebt hatten, waren nach 1945 aktiv am Aufbau beteiligt. Einige in Betrieben, andere in den örtlichen- oder Landesregierungen. Arthur Schöneburg wurde Werkleiter in der Bohrmaschinenfabrik Saalfeld, Fritz Roth Werkleiter der Geraer Verkehrsbetriebe, Ernst Heyer Stadtrat und Leiter des Sozialamtes in Gera, Hubert Friester Vorsitzender des Rates des Kreises Langensalza, Willi Schneider Stadtrat in Gera für Arbeit und Berufsausbildung, Walter Schaub Vorsitzender des Rates des Kreises Stadtroda, Fritz Dinjus Planungsleiter der Bohrmaschinenfabrik Saalfeld, Erich Rudolph Stellvertretender Minister für Volksbildung im Land Thüringen und Paul Richter Leiter der Außenstelle des Ministeriums für Finanzen der DDR in Weimar.

In Thüringen wurde unter Federführung der sowjetischen Militärverwaltung der Aufbau neuer politischer Strukturen forciert. Die ehemaligen Aktivisten des Widerstandes zeigten sich lernfähig und emanzipierten sich dabei auch Schritt für Schritt von der Bevormundung durch die Vertreter der Besatzungsmacht. Eine Zeitlang war Friedrich Giessner Geraer Bürgermeister. Unstimmigkeiten über seinen möglichen Nachfolger im Amt zwischen Antifa-Komitee und SMAD führten zu ersten Differenzen zwischen den ungleichen politischen Partnern. Während die SMAD ihren Kandidaten Dr. Hübner als Bürgermeister durchsetzen wollte, favorisierte das Antifakomitee Dr. Friedrich Bloch, der von den Nazis als Jude verfolgt worden war.

Die deutschen Antifaschisten konnten sich durchsetzen. Dr. Bloch ließ am 30. Oktober 1946 die Geraer Ehrenbürgerschaft von Hitler, Sauckel und Frick streichen. Nach seiner Ablösung 1948 war er Präsident des Landesgerichts. 1950 ging er in die Bundesrepublik. Sein Nachfolger im Amt des Geraer Oberbürgermeisters war der ehemalige SPD-Genosse und Buchenwaldhäftling Gert Böhme.

Innerhalb der SPD gab es an der Parteibasis im Sommer 1945 Bestrebungen, sich mit den Kommunisten zu vereinigen. Viele Mitglieder im sozialdemokratischen Stammland Thüringen glaubten, dass ihre Partei angesichts ihrer Mitgliederzahl und der Akzeptanz in der Bevölkerung die führende Rolle in einer vereinigten Partei spielen würde. Kaum einer der Thüringer SPD-Genossen vermochte sich eine Entwicklung zu einer stalinistisch geprägten Einheitspartei vorstellen. Am 5. und 6. April traf man sich in Gotha, wo einst im Jahr 1875 die SPD gegründet worden war, zu einem gemeinsamen Landesparteitag mit der KPD. Beschlossen wurden ein Entwurf für die Planung des Wiederaufbaus in Thüringen, ein gemeinsamer Aufruf zum 1. Mai und eine gemeinsame Entschließung für den anstehenden Vereinigungsparteitag von KPD und SPD in der Sowjetischen Besatzungszone. Erich Rudolph, Fritz Roth und etwa fünf weitere SPD-Genossen fuhren mit diesem Dokument nach Berlin, um als Delegierte an dem Vereinigungsparteitag teilzunehmen.

Die führenden Positionen in der thüringischen Verwaltung wurden zunächst paritätisch mit KPD- und SPD-Funktionären besetzt. Doch dieses gleichberechtigte Engagement der ehemaligen Sozialdemokraten in der neuen Partei wurde mit Argwohn betrachtet. Mit aktiver Unterstützung und teilweise auf Betreiben der sowjetischen Besatzungsmacht wurden alte Rechnungen beglichen und neue politische Fakten geschaffen. Einige der SPD-Widerständler wurden nach dem Krieg verfolgt oder gedemütigt.

Erich Dietsch, aus Gera, der sich schon 1945 öffentlich gegen den Stalinkult äußerte, nahm sich das Leben, bevor ihn die sowjetische Militäradministration in Gera verhaften konnte. Fritz Roth wurde später wegen ähnlicher Äußerungen als Betriebsdirektor der Geraer Verkehrsbetriebe abgesetzt.

Viele ehemalige KPO-Mitglieder, so auch Friedrich Giessner, wurden 1948/49 aus leitenden Funktionen entfernt. Man erinnerte sich daran, dass die KPO vor 1933 gegen den Personenkult um Stalin und den zu großen Einfluss der KPdSU in der kommunistischen Internationale aufgetreten war. Erst später, in der Periode des Chruschtschowschen Tauwetters, wurde Giessner rehabilitiert und als Bürgermeister in Nordhausen eingesetzt.

Erich Rudolph erhielt 1953 eine Mitteilung des Sekretariats des Zentralkomitees der SED, dass er als Sektorenleiter für allgemeine Schulbildung im ZK der SED nicht bestätigt werden könne, da er in der Illegalität mit der SPD-Gruppe *Neu Beginnen* zusammengearbeitet habe.

Die Geraer Mitglieder der Gruppe *Junge Marxisten/Neu Beginnen* hatten viel zu kämpfen, ehe sie in die Vereinigung der Verfolgten des Naziregimes (VVN) aufgenommen wurden. Erst nach mehreren Anläufen, mit großen Verzögerungen, vielen Nachweisen und eidesstattlichen Erklärungen hat man sie akzeptiert.

Die Propaganda erhob die Tätigkeit kommunistischer illegaler Gruppen zum dominierenden Widerstand gegen das NS-Regime, und von den Leistungen sozialdemokratischer Gruppen im Dritten Reich war in der DDR kaum die Rede. Geschichtsdokumente, die nicht ins offizielle Bild passten, wurden unterschlagen oder uminterpretiert. Doch ungeachtet solcher aus ideologischer Beschränktheit resultierender Versuche, die Verdienste der ehemaligen SAJ-Aktivisten zu ignorieren oder zu schmälern, haben die Mitglieder der Gruppe *Junge Marxisten/Neu Beginnen* in Gera jene Verbundenheit aufrecht erhalten, die in den 20er Jahren in der Kinderfreundebewegung entstand und die sich in der NS-Zeit bewährte.

Treffen der antifaschistischen Widerstandskämpfer der Gruppe »Junge Marxisten« aus Gera, 1970. Stehend: Herbert Sachse (2. v. l), Fritz Roth (3. v. l.), Alfred Schumann (4. v. l.), Raul Richter (6. v. l), Erich Rudolph (1. v. r.). Sitzend: Marie Roth (3. v. l.), Erna Schneider (1. v. l.)

Bis in die 80er Jahre trafen sich die überlebenden Mitglieder ein oder zweimal im Jahr. Sie wurden dabei bis 1989 durch die Stadt Gera tatkräftig unterstützt.

Die Aufgeregtheiten der Wende- und Nachwendezeit ließen dieses Kapitel der Geschichte endgültig verblassen.

Was daraus zu lernen wäre

Wer heute ein Buch über den Widerstand gegen das NS-Regime schreibt, darf sich in der Regel der wohlwollenden Kenntnisnahme durch die mediale Öffentlichkeit sicher sein, ist doch dieses Thema Bestandteil der politisch korrekten Erinnerungskultur in der Berliner Republik. Und wenn es zudem noch um eine in der deutschen Sozialdemokratie wurzelnde Strömung des Widerstandes geht, die aus ideologischer Borniertheit von den Führern der untergegangenen DDR weitgehend ignoriert wurde, ist mit Beifall zu rechnen, weil sich so scheinbar die antifaschistische Gründungserzählung dieses Staates relativieren lässt.

Doch darum ging es uns nicht. Wir haben dieses Buch nicht geschrieben, weil wir damit wohlwollendes Schulterklopfen verbeamteter Berufshistoriker auslösen wollten, sondern weil es hier um Lebensgeschichten von Menschen geht, die den persönlichen Mut aufbrachten, sich den Hurra-Rufen einer deutlichen Mehrheit der deutschen Gesellschaft entgegenzustemmen. Es ist diese in einem humanistischen Werteverständnis wurzelnde Zivilcourage, die Achtung verdient.

Wenn aktuell Politiker fast aller Parteien in Sonntagsreden den Verfall des traditionellen bürgerlichen Wertekanons beklagen, wenn gleichzeitig hemmungsloser Egoismus, Vorteilsnahme im Amt und Hochstapelei manchen Vertretern der politischen Elite als Kavaliersdelikt erscheinen, ist ein Blick zurück mitunter hilfreich. Die Werte der protestantischen Ethik, deren schleichende Aushöhlung im Alltag man heute allenthalben beklagt, waren bereits vor 1933 kein exklusives, von einer Mehrheit als verteidigungswürdig betrachtetes Gut der bürgerlichen Mittelschicht.

Der Werteverlust zeigte sich bei diesen Gruppen der Gesellschaft in ihrer ideologischen Verführbarkeit und in der verdeckten oder offenen Unterstützung der NSDAP. Die konfessionell unterfütterten bürgerlichen Werte wurden insbesondere in der Anfangszeit der Nazi-Diktatur von Wählern aus der bürgerlichen Mitte der Gesellschaft – mit wenigen Ausnahmen, wie etwa der *Bekennenden Kirche* – keineswegs als Verpflichtung zu politischer Distanzierung oder gar zum Widerstand gegen die Diktatur interpretiert. Erst sehr spät, im Angesicht der drohenden militärischen Niederlage, führten innere Läuterung oder politischer Pragmatismus mancher Vertreter der aus der Ober- und Mittelschicht stammenden konservativen Funktionseliten zu deren organisiertem Widerstand gegen das Regime.

Es waren zunächst linke, häufig konfessionell nicht gebundene Sozialdemokraten, Arbeitersportler und Kommunisten, die aus dem Gefühl menschlichen Anstandes das taten, was eigentlich Sache der traditionellen, konfessionell verorteten bürgerlichen Mitte gewesen wäre. So wurde paradoxerweise der schrittweisen Aushöhlung der bürgerlichen Demokratie nach der Machtübertragung an die Hitler-Clique vor allem von jenen aktiver Widerstand entgegengesetzt, die man in den Jahren der Weimarer Republik als Antidemokraten und Umstürzler denunziert hatte. Sie erwiesen sich als die letzten Demokraten dieses Landes, die bereit waren, sich dem Untergang eines Systems entgegenzustellen, das sie zuvor politisch stigmatisiert hatte. Es waren diese zumeist aus der Arbeiterschaft stammenden Menschen, die damals im Alltag das lebten, was heute von Politikern und Medienvertretern etwas verschämt als christlich-jüdische Leitkultur oder als daraus abzuleitendes bürgerschaftliches Engagement bezeichnet und politisch instrumentalisiert wird.

Doch noch aus einem anderen Grund ist die Beschäftigung mit diesem Kapitel des Widerstandes gegen das NS-Regime heute sinnvoll:

Die Geschichte der Bewegung *Junge Marxisten/Neu Beginnen* verweist auf zwei beinahe genetische Defekte der deutschen Linken. Zum einen hat der Bruderzwist zwischen den verschiedenen linken Parteien nicht nur die Machtübertragung an die NSDAP wesentlich begünstigt, sondern auch den kollektiven Widerstand gegen das Regime verhindert. Daran konnten weder die pragmatische Zusammenarbeit der diversen Basisorganisationen, noch verbale Proklamationen der exilierten Parteiführungen etwas ändern.

Die Gründe dafür waren vielschichtig und sind aus heutiger Sicht teilweise nicht mehr rational nachvollziehbar. Fraktionskämpfe, organisatorische Abspaltungen, wechselseitige Verletzungen und Verratserfahrungen in der Weimarer Zeit, die häufig als Argumente für eine strikte Abgrenzungsstrategie innerhalb der deutschen Linken herhalten mussten, blockierten die konsequente Orientierung politischen Handelns auf die gemeinsame Bewältigung aktueller Herausforderungen. Es ist ein Verhaltensmuster, das noch in der Gegenwart die Bündelung linker politischer Kräfte behindert. Wer allerdings politisches Handeln nicht primär aus aktuellen Interessenlagen ableitet, sondern aus individuell und kollektiv nicht verarbeiteten historischen Ereignissen, verspielt leichtfertig Chancen für die politische Gestaltung der Zukunft in diesem Land.

Zum anderen scheiterte die Zusammenarbeit der linken Parteien im Angesicht der heraufdämmernden NS-Diktatur an den Nach- und Nebenwirkungen theoretischer Auseinandersetzungen im linken Lager. Die Ableitung politischer Strategien aus einem exklusiven, in sich möglichst widerspruchsfreien theoretischen Erklärungsmodell führte und führt in der Regel dazu, dass ideologische Debatten innerhalb der Linken zu Schicksalsentscheidungen aufgebauscht werden und in unüberbrückbare, zum Teil persönliche Feindschaften münden. Der ritualisierte Streit um den richtigen Gesellschaftsentwurf und den richtigen Weg zu seiner Umsetzung begünstigt organisatorische Spaltungen und geht fast immer zu Lasten der Kampagnenfähigkeit.

Die mit Hingabe geführte Diskussion über gesellschaftspolitische Blaupausen blockiert häufig beherztes, politisch-pragmatisches Handeln über Parteigrenzen hinweg und verhindert die Gewinnung stabiler Mehrheiten für notwendige Tagesentscheidungen. Selbst in Zeiten existenzieller Verunsicherung scheint mitunter die Lust an der Debatte über den rechten Glauben wichtiger zu sein als der Wille zu tagespolitischem Handeln im Interesse der Menschen. Zwar lässt sich über Gesellschaftsmodelle und Begriffe trefflich streiten und sicher sind solche Diskussionen unverzichtbar, wenn die gesellschaftspolitische Wirklichkeit sie erzwingt, doch die Kärrnerarbeit des politischen Tagesgeschäfts und die Organisation linker Mehrheiten in der parlamentarischen Demokratie werden damit eher behindert als erleichtert.

Wir konnten für die Arbeit an diesem Buch bisher unveröffentlichte Berichte von Mitgliedern der illegalen Widerstandsorganisation *Junge Marxisten/Neu Beginnen* sowie eine Vielzahl anderer Dokumente (unter anderem Gerichts-, Polizei- und Gestapoakten) nutzen. Diese Quellen vermitteln ein differenziertes Alltagsbild sozialdemokratischen Selbstverständnisses und gesellschaftspolitischen Engagements in den letzten Jahren der Weimarer Republik und in den zwölf Jahren des Dritten Reiches.

Fern jeder Heroisierung wird erkennbar, welche Weitsicht und welchen Mut der alltägliche, häufig unspektakuläre Kampf gegen eine scheinbar übermächtige Diktatur dem Einzelnen abforderte. Der stille, ausdauernde Widerstand erforderte Menschenkenntnis, Vertrauen, häufig auch taktisch motivierte Kompromissfähigkeit. Die Parteigrenzen überwindende demokratische Gesinnung junger SPD-Aktivisten kann auch heute noch Leitbildcharakter für die Förderung bürgerschaftlichen Engagements jenseits des klassischen politischen Lagerdenkens in Deutschland haben.

Mitglieder der illegalen Geraer SPD-Gruppe *Junge Marxisten/Neu Beginnen* im Jahr 1934

Leitung

Jakob Greidinger, 28, Dipl. Volkswirt
Paul Richter, 29, Weber
Arthur Schöneburg, 30, Heizungsmonteur
Fritz Roth, 28, Weber
Karl Wetzel, 27, Tischler
Ernst Heyer, 35, Schuhwarenhändler
Ernst Küspert, Schlosser
Herbert Friester, Angestellter

Politische Führung

J. Greidinger, A. Schöneburg und K. Wetzel
Organisation: F. Roth und H. Friester
Verbindung zu anderen Gruppen: E. Heyer
Kurierdienst: E. Küspert

Fünfer-Gruppenleiter 1934

Willi Schneider, Willi Tröger, Hans Richter, Erich Neubert, Marie Trödel, Kurt Klotz, Fritz Vogel, Alfred Reuter, Fritz Dinjus, Walter Schaub, Ernst Heyer, Erich Rudolph, Walter Dix, Erich Dietzsch, Kurt Vogel, Otto Stahn, Erich Hoffman, Heinrich Dörfer

Verhaftet und verurteilt wurden durch Verrat des Leipziger Jugendfreundes Zorn und die durch ihn aufgenommene Verbindungen zur Berliner Gruppe *Neu Beginnen:*

Jakob Greidinger (4 Jahre),
Arthur Schöneburg (3 Jahre),

Ernst Heyer (3 Jahre),
Ella Breitenfeld (Freispruch),
Erna Kalwasch (Freispruch) und
Hans Helmisch (3 Jahre)

Hans Helmisch aus Weimar gehörte nicht zu der Geraer Gruppe, war aber Verbindungsmann zu dem Geraer E. Heyer und zur Berliner Gruppe *Neu Beginnen*. Er war vor 1933 Vorsitzender der SPD-Ortsgruppe Weimar, Jugendsekretär der SAJ von Großthüringen und Vorsitzender der Kinderfreunde in Thüringen.

Die sechs genannten Personen wurden am 9. August 1934 in Schutzhaft im KZ Bad Sulza genommen und am 30. Oktober nach Apolda in U-Haft überführt. Die Anklage vor dem Oberlandesgericht Jena wurde am 26. Februar 1935 erhoben, die Verurteilung erfolgte am 3. März 1935, danach wurden die vier Verurteilten ins KZ Buchenwald eingeliefert.

Im Zusammenhang mit der Observation und späteren Verhaftung von Ernst Heyer wurden in der Zeit vom 17. Mai bis 29. August 1935 weitere 16 Mitglieder der Geraer Gruppe *Junge Marxisten/Neu Beginnen* verhaftet, am 2. Oktober 1935 vor dem Oberlandesgericht in Jena angeklagt und am 19. Dezember 1935 verurteilt. Folgende Haftstrafen wurden verhängt:

Karl Wetzel, 27, Tischler: 18 Monate
Heinrich Dörfer, 22, Verkäufervolontär: 15 Monate
Kurt Klotz, 36, Weber: neun Monate
Walter Köcher, 23, Buchbinder: neun Monate
Otto Neumann, 29, Malergeselle: neun Monate

Albert Werner, 24, Schuhmacher: neun Monate
Fritz Dinjus, 22, Schlosser: sieben Monate
Artur Weber, 22, Malergeselle: sechs Monate
Ella Breitenfeld, 35, Schneiderin: sechs Monate
Erhard Wöllner, 20, Anleger: Freispruch
Richart Krüger, 22, Dreher: Freispruch
Helmut Köcher, 24, Konditorgehilfe: Freispruch
Hugo Hossak, 26, Metallarbeiter: Freispruch
Karl Henning, 21, Verkäufer: Freispruch
Otto Gläser, 29, Masseur: Freispruch
Erich Bock, 29, Dreher: Freispruch

Anklageschrift gegen 16 SPD-Mitglieder aus Gera wegen hochverräterischer Tätigkeit; Jena, 2. Oktober 1935

Anklageschrift Ojs 1/35. Vorbereitung der Veränderung der Verfassung des Deutschen Reiches. 26. November 1935

Bahnke, Dieter: Der sozialdemokratische Widerstand in Gera. Das Beispiel Herbert Frister. Gera 1997

Befehl des Chefs der sowjetischen Militäradministration des Landes Thüringen. Thüringer Volkszeitung, Organ der Thüringer KPD vom 07. Juli 1945.

Das Leben muss weitergehen. Dokumente der Entwicklung der Jugendbewegung in der Stadt Gera. 1945 bis 7. März 1946.

Die Geschichte der Deutschen Jugendbewegung. Verlag Neues Leben, Berlin 1947.

»Die Rotarmisten kommen«: Einmarsch der Roten Armee in Gera. in: *Deutsche Volkszeitung*, Zentralorgan der KPD, 4. Juli 1945.

Fritz Roth und andere, in: *Prawda*, 29. Mai 1979.

Haftbefehl, 3R.A.512/34 gegen sechs Geraer SPD-Mitglieder wegen Bildung einer politischen Partei. Weimar 30. Oktober 1934.

Haftentlassungsschein von Artur Schönburg, Buchenwald, 4. Dezember 1937

Heyer, Ernst: Ausführungen über die illegale Tätigkeit in der Zeit des Faschismus in Gera; Gera 26. Mai 1953

Im Kampf sind wir geboren. Geschichte der KPD in Gera. Material (2 Bände) im Auftrag der Geschichtskommission und des Museums Gera. Gera 1978.

Janka, Karl Heinz: Jungkommunisten im Widerstandskampf gegen den Hitlerfaschismus. Berlin, 1977.

Jugend der Welt. Führer durch die Ausstellung Freie Deutsche Jugend im Land Thüringen. Thüringer Volks-Verlag 1946.

Jugend im Neuaufbau. Entwicklung der Jugendbewegung in der Stadt Gera. Von März 1946 bis 7. Oktober 1949.

Lebensweg und Lebenslauf des Genossen Fritz Roth. Unterzeichnet F. Roth.

Material des Bezirkskomitees Gera der antifaschistischen Widerstandskämpfer über die Frauen von Kriwoi Rog. Gera 14. Mai 1979.

Neumann, Otto: Bericht über die Kinderfreundebewegung in Gera. Gera 13. Dezember1978

Richter, Herbert: Bericht über die letzte Begegnung mit Karl Wetzel. Gera, 1. Mai 1981.

Richter, Paul: Die Gestapoleitstelle Gera bei der Verfolgung der antifaschistischen Widerstandskämpfer. Gera 1978.

Richter, Paul: Meine Erinnerungen an die illegale antifaschistische Tätigkeit mit Junge Marxisten/Neu Beginnen in Süd- und Ostthüringen. Gera, 1. Mai 1981.

Roth, Fritz: Bericht über die illegale Arbeit in der Zeit von 1933-1945. Gera, 21. Mai 1953.

Roth, Marie: Erlebnisbericht über den antifaschistischen Widerstandskampf der Gruppe *Junge Marxisten/ Neu Beginnen* in Gera. Gera 1953.

Rudolph, Erich: Meine Kenntnisse über den Kampf der antifaschistischen Widerstandsgruppe *Junge Marxisten/Neu Beginnen* in Ostthüringen. Berlin, 15. April 1979

Rudolph, Erich; Richter, Paul; Sachse, Ernst: Entwurf einer Abhandlung über die antifaschistischen Widerstandskämpfer *Junge Marxisten/Neu Beginnen* in Gera 1933–1945, für die Kommission zur Erforschung der Geschichte der örtlichen Arbeiterbewegung in Gera, zur Einarbeitung in den 3. Band des Buches »Im Kampf sind wir erstarkt«. Gera, Mai 1981.

Schneider, Erna: Erlebnisbericht über die antifaschistische Widerstandsgruppe *Junge Marxisten/Neu Beginnen* in Gera. Gera 1953.

Schneider, Erna; Schneider, Willi; Richter, Elsa; Rudolph, Erich: Erlebnisberichte über die illegale Tätigkeit 1933-1941 in Gera. Gera 1953.

Schöneburg, Artur: Bericht über die Tätigkeit der illegalen Geraer sozialdemokratischen Gruppen in der Zeit von 1933 bis 1945. Saalfeld 16. Mai 1953.

Schumann, Alfred: Die Widerstandsarbeit bei »Siemens & Halske« in Gera. Gera 1978.

Schutzhaftbefehl, OisI/35 gegen Artur Schönburg. Gera 11. August 1934.

Telegramm aus Kriwoi Rog. Artikel aus der *Geraer Volkswacht*, Beilage vom 24. Juni 1977.

»Und dann Stadtkommandant in Gera«, Artikel über den ersten Stadtkommandanten aus der *Berliner Zeitung* vom 12./13. April 1980.

Urteil des Verfahrens, Ojs 76/35 vom Oberlandesgericht Jena über sechs führende Mitglieder der SAJ Gera. Jena 19. Dezember 1935.

Verschiedene Berichte der Zeitung *Freies Deutschland*. Herausgeber Antifa-Komitee. Gera, 24. Mai 1945

Verschiedene Artikel, Arbeiten, Berichte und Darlegungen über die Zeit des Endes der Weimarer Republik, das Wirken von Hitler in Thüringen, den Widerstandskampf 1933 bis 1945 in Thüringen und der ersten Nachkriegsjahre in Thüringen, aus Internetrecherchen.

Wetzel, Erna: Bericht über ihren im Krieg gefallenen Gatten Karl Wetzel und seine illegale Tätigkeit in Gera 1933-1941. Berlin (West) 20. April 1981.

2000 Jahre Deutschland. NS-Bibliographie, Berlin 1940

Die Autoren

Ralf Rudolph

geboren 1938 in Gera, Studium am Institut für Luft- und Raumfahrt in Moskau, Oberst der NVA, Betriebsdirektor, Abteilungsleiter im Ministerium für Maschinenbau, 1990 Abteilungsleiter für Abrüstung im Ministerium für Nationale Verteidigung der DDR, danach Unternehmensberater

Uwe Markus

Jahrgang 1958, promovierter Soziologe, bis 1990 beschäftigt am Institut für Sozialwissenschaftliche Studien in Berlin, seither tätig als Marktforscher, Marketingberater und Dozent

Die Autoren danken Herrn Günter Domkosky
für die ergänzenden Informationen.

spotless aktuell: Bevor Fukushima die Schlagzeilen beherrschte, berichteten wir über japanische Umweltschützer, die ein AKW in Hiroshima verhindern wollen.

spotless aktuell: Bevor andere mal wieder nur einen Jahrestag begingen, stellten wir die Frage, wer damals die Strippen zog und an der Katastrophe verdiente.

spotless aktuell: Bevor die NATO die Regie in Libyen übernahm, berichteten wir über Georgien, wo nach dem gleichen Drehbuch die Strippen gezogen wurden.